景気に左右されない

一流の男のお金の稼ぎ方

里中李生
SATONAKA RISHOU

SOGO HOREI PUBLISHING CO., LTD

まえがき

書店では今、「あっという間にお金を稼げる」という類の本が飛ぶように売れている。

中には、「働かなくても年収1億円」とか。

堕落に他ならない。

そんな奇跡のような芸当が出来るなら、とっくに日本は富裕層で溢れている。

私は日本人が書いたその類の本は読まないから、ひょっとしたら働かなくても年収が1億円になる方法があるのかもしれない。マジックのような方法が書かれていて、それを達成した人もいるのだろう。

では、あなたにはそれができるか。

いや、**あなたはそれがしたいか。**

私はきちんと働いて稼ぎたい。立派な仕事をして、息子に尊敬されたい。

あなたはどうか。

日本は非常に良い国だ。

女性が一人でも夜道を歩ける。失業率もアメリカほど深刻ではない。私の友達の会社社長も言っていたが、「失業しているのではなく、勝手に辞めていくし、面接にも来ない」というくらい若者に働く意欲がなく、「経済が悪化している」「政治が悪い」というよりも、日本人の、特に若い世代が単に無気力になっているだけなのである。そのため、「働かなくても年収1億円」といった、簡単にお金を稼げそうな類の本が売れる。


先般、衆議院選挙で、自民党が政権を奪還した。

「日本は良くなるのでしょうか」

と私に聞いてきた人たちがいたが、

「おまえが良くしろ」

と言っておいた。

確かに政治は重要で、安倍晋三《あべしんぞう》総理の円安対策で株価は上昇。輸出企業は大歓迎をしているし、株を保有している人たちは泣いて喜んでいる。

しかし、株価が天井知らずで上がっていくことはあり得ない。どこかで止まる。その時に頑張らなくてはいけないのは、私たちなのだ。では、そのためにどうすればいいのか。

まずは、日本という優秀な国を信じることから始めてもらいたい。

アメリカに負けているのは映画くらいで、中国に負けているのは軍事力くらいだ。詳しくは本文に書くが、世界中から絶賛されている社会福祉国家など軽蔑できるくらい、日本の方が優れている。

そんな優秀な国で、あなたが成功をしないとすれば、**あなたの仕事のやり方がどこか間違っているのだ。**それはとても小さな間違いで、うっかりとも言える。

駅までの道をちょっと間違えて、電車に乗り遅れたことがあったでしょう?

それと同じだ。間違っているのに、そのままでいる。

途中で特急に乗り換えずに、普通電車で目的地に向かっている、というわけだ。

物書きを始めた当初、私は競馬の本を書いていた。それが間違いだとなかなか気がつかず、競馬ファンからの中傷を受けながらも、必死に書いていた。そして病気が悪化。ストレス性突発難聴を発症した。そこで私は、きっぱりと競馬の本を捨て、自己啓発書やビジネス書に乗り換えた。今や、その分野で引っ張りだこだ。競馬の本を書いていても、ほとんど需要がない。競馬人気など近年凋落《ちょうらく》していて、本はまったく売れない。そこにしがみついているなんて、そんな愚行はない。

あなたはどうか。

自分の仕事に上がり目がなくても、それにしがみついていないだろうか。
それが、間違えて電車に乗ったのに違う電車に乗り換えない、という話なのである。

本書は、あなたが働き方を間違えないように指南し、時には勝負に出ることも勧め、男の人生を謳歌できるように構成している。
働いて働いて、疲れたら休めばよい。
その時に、あなたには預金が数千万円ある。
本書はそんなことを目標にした本である。

里中李生

もくじ

まえがき……1

序　章　不況という「言い訳」はもうやめよ

「バブル」という幻想から脳みそをリセットせよ……12
「不況国」日本はどの国を模範にしたらよいか……19
一発当てて失敗するか、地道に働いて成功するか……27

第1章　安倍新政権であなたの生活はどう変わるか

「日本はダメな国」という勘違いをやめよ……36
安倍自民党政権で、デフレ脱却へ向かう日本……44
株価が上がれば、必ず景気はよくなる……52
「お金がない」と言う人に、お金は絶対味方しない……59
真の金持ちは海外を目指す……68
「年収2000万円は金持ち」は錯覚だ……75

第2章　「一生庶民」の生活から抜け出すには

どれだけ庶民的な生活から抜け出したいと思えるか？……84
「安定」とは幻想に過ぎない……95
お金のない男が金持ちへ這いあがる方法……103
男性優位の時代がやってくる……111
女は「中の上」を選べ……120
ブランド物が「信頼」を生む……128

第3章　このお金の稼ぎ方であなたは変わる

年収は、子ども時代の過ごし方で決まる……136

ムダな努力はいい加減卒業せよ……143

1万円でも高い給料がもらえる会社に行け……152

成功する男は、いくつになっても燃えている……159

出世に友達はいらない……166

第4章　一流の男のお金の使い方

贈り物への出費をケチるな……176
あなたはいつになったら目覚めるのか……183
少しくらい無理をした方が、お金は生まれる……190
月1回は贅沢な食事をせよ……196

あとがき……203

装丁　小松 学（エヌワイアソシエイツ）
組版　横内俊彦

【序章】

不況という「言い訳」はもうやめよ

「バブル」という幻想から脳みそをリセットせよ

最新家電を持ちながら「日本はピンチ」と騒ぐ人たち

私は先日、「バブル基準でものを言っている気持ち悪い奴」とツイッターで中傷されたが、バブル基準で、「不況だ」「生活が苦しい」と喚《わめ》いているのは世間ではないか。誰でもわかっていることだが、バブルの頃と比べて、「不況」なだけで、日本人は餓えに苦しんでいるわけではない。皮肉な事実として、書店ではダイエット本がベストセラーになっている。

街をネズミが走って伝染病が心配なわけでもなく、自宅に見知らぬ男が入ってきて、金目のモノを盗んでいく事件が多発している様子もない。逆に、人気レストランは長

蛇の列。ブランド店に入るかどうかはわからないが、銀座の歩行者天国は賑わってい
て、クリスマスの時期のルイ・ヴィトンは超満員。どこの家庭にも液晶テレビがあり、
ＤＶＤデッキかブルーレイデッキも持っていて、車もエコカーにどんどん乗り替えが
進んでいる。ガソリンスタンドは淘汰されているくらいだ。

おさらいすると、食べ物はいくらでもあって、休日のレストランは超満員。
どこの家庭にも最新型の家電がある。
車も、最新型のエコカーに乗り替えている。
ダイエットが大ブーム。
仕事があるのに、若者が仕事を拒否。ニートが大流行。
いったい、何をもってして、日本が大ピンチなのか。
円高くらいしか思い浮かぶリスクはない。
「いや、給料は減っている。食べ物があると言っても、食費も削っている。だから、
激安回転寿司にしか行けないのだ」
と反論するのだろう。それこそ、バブル基準ではないか。

給料はそれなりにあって、激安回転寿司や激安ハンバーガーが当たり前だと思えばいい。何しろ、それらを腹いっぱい食べて、ダイエットをしているのだから。

私は大いに嫌味で言っている。

食うものがこんなにある国で、「不況で死にそうだ」と愚痴っている人たちは、いったいどうしたいのだ。


年収は1000万円以上。

車はベンツのCクラスかBMWの3シリーズ。

東京近郊に家は一戸建て。

子どもは私立に通う。

夕食はデパ地下か成城石井《せいじょういしい》で買い物。または人気レストラン。

洋服はバーバリーかタケオキクチ。

腕時計は最低でもロレックスのデイトナ。

というのが希望だったら、それがバブルの幻想というわけだ。

ゆとり世代の人たちが、そんな夢を見ているわけではなく、「不況だ」「このままでは死んでしまう」と怖がっているのは、親か自分がバブル期を経験している世代に限られている。限られていると言っても、けっこうな人数で、下は30代後半から上は定年退職した世代までだ。

「不況だ」と思うのは、あなたが洗脳されている証拠

「おまえは頭がおかしい。会社は合併、統合を繰り返し、地方は疲弊している。不況だ」

と反論されると思う。

しかし、地方に関しては不況ではなく、「不景気」。大型スーパーが進出し、小売店は淘汰されていった。そのため、仕事をなくした人も多いだろう。

都市部では、銀行などが合併して破綻を逃れている。だからこそ、今、皆さんは腹いっぱいご飯を食べられるのである。

つまり、大型企業の合併、統合を悪いイメージで捉えるから危機感が募るわけで、

「余分な脂肪を取り除いた」と思えばよいのだ。しかも、日本は韓国と違い、寡占状態ではない。サムスン電子だけの韓国を見習うなどとんでもないことで、サムスンがいくら潤ったところで韓国国民に還元されることはない。一方の日本は、シャープが経営危機になったと言っても、ソニー、パナソニック、東芝、富士通などが競合していて、自動車で言うとトヨタ、ホンダ、日産、スズキ……数えられないくらいのメーカーがあり、そのため、製品の価格を吊り上げて、庶民を苦しめることはないのである。わかるだろうか。

日本の家電をソニーが独占していたら、「液晶テレビは30万円から」と言い放つことが出来るが、東芝が値下げをしたら、他も値下げをしなくてはならず、そのため消費者が買い物をしやすいようになっている。デフレは深刻だが、企業が寡占状態ではないため、庶民は買い物がしやすい。

繰り返すが、各家庭には液晶テレビがあって、しかも、地上デジタルに移行する際に、ほとんどの国民が液晶テレビを購入した。購入しなかったのは地方のまた地方に住んでいるお年寄りたちくらいだった。

それなのに、あなたたちは、「不況のせいで苦しい」と、そればかり言っている。

それは、甘えではないか。

最新型のテレビで娯楽番組を見ながら、女性は食べすぎのダイエットに励んでいる状態を、「疲弊している。もうダメだ」と言っている他の国があったら教えて欲しい。

私は経済評論家ではない。

詳細に調べれば、確かに不況で、不景気で、給料は下がり、倒産も多いかもしれない。

それを経済評論家や政治家が口にして、国民の不安を煽《あお》るのだろうが、そんなことを言っていたら、私にも、「本がバブル期よりもまったく売れなくなっている。出版社はホテルに宿泊する経費も出さない」と文句を言うことができる。私の前著『一流の男、二流の男』(三笠書房)は、書店によっては2012年上半期のビジネス書ベストセラーランキングトップになった。累計は20万部を突破したが、バブル期だったたら100万部だろう。2万部しか売れなかった本は、バブル期だったら5万部は売れている計算も可能で、それなら軽いヒットである。

しかし、私は、「不況で本が売れない」という愚痴はこぼさない。

十分に食べていけているし、エコカーにも乗っている。

本書を手にしたあなたが、十分に腹を満たしながら、「不況で苦しい」と泣いていたら、あなたと私の話は一生合わないだろうし、あなたには未来がない。

あなたはまず、

「日本は不況で苦しい」

と誰かから洗脳された頭を、リセットさせないといけない。

「不況国」日本はどの国を模範にしたらよいか

中国も、アメリカも、模範にならない

では日本が不況で、あなたの生活が厳しく、世間が騒ぐほどの大ピンチだとしよう。模範にする国はどこか。

まさか、貧富の差が激しく、反日の暴動ばかりを繰り返している社会主義国家の中国ではあるまい。アメリカは失業率が8・23％と日本の倍（IMF World Economic Outlook Databases 10月版）。実際は15％とも言われていて、話にならない。余談だが、何も出来ないオバマが再選したことによって、さらに失業率は加速。ドルは売られて、円が100円になる夢は限りなく遠い。保守派の共和党が負けるのは日本の自

民党が負けるのと同じこと。革新、またはリベラル推進派には常に男女対等を喚く「女」の支持層がいて、オバマにはさらに黒人の支持者が大勢おり、民主主義の悪い所を露呈した形になっている。

ちなみに、私は女性も黒人も差別しているわけではない。彼らは選挙では冷静になれない、と言っているのだ。しかも、革新派は保守を完全否定するから、模範にする政策などがない。新しいことをするしかなく、日本でも、革新派の民主党は、「沖縄から基地をなくす」とか「高速道路を無料にする」とか、出来ないことをやろうとして失墜した。保守派の政党が自国の文化、伝統、仕事を守りつつ、新しいことを少しずつやっていくのがベストだと言い切りたい。

それから日本では、消費税を増税することが決定した。

民主党は3年間、何もしないで増税だけをした最悪の政党だ。デフレで増税したらどうなるのか黙って見ていたいが、「高額所得者と不平等になる」と意味不明なことを言い出し、ついに2015年1月、高額所得者の所得税を上げることが決定した（2013年1月現在）。私のような小金持ちは（別項で収入などを語ります）、収入のほとんどを税金にむしり取られ、もうデパ地下での買い物も出来なくなるだろう。

それもこれも不況のせいなのか。いや、前項でも述べたが日本は不況ではない。そもそも、経済大国として、ＧＤＰが世界第３位。第３位ですよ。それほどの経済大国がさらに伸びようと思ったら、子どもを中学生から働かせるとか、定年をなくして、ぽっくりと逝《い》くまで働かせるとか、それしかないように思えるが、そんなことをする必要はない。税金をきちんと払っているのに、その税金を還元していないからこうなるのだ。財務省が機能していないか、わざとだろう。

〝安定国〟デンマークのウソ

さて、税金が高くなる話をすると、税金が高く、社会福祉が安定しているデンマークやスウェーデンの名前が出てくる。そして、

「あんなに素晴らしい国はない」

と絶賛され、住みたい国の第１位にも選ばれている。さかんにテレビでも絶賛していて、池上彰《いけがみあきら》の番組でも取り上げていた。

では、デンマークを模範にしたらどうか。

一人あたりのGDPも世界一と言って絶賛している大学教授もいたが、人口は550万人。これだけ少ないと、少しでも安定した企業があるとGDPは上がっていく。失業手当が充実しているとか、男女平等で育児ノイローゼがないとか、いろんな良い話を耳にする。

しかし、犯罪率は日本の5倍以上だ。

最近では殺人が増えてきて、夜間は危険になった。「そんなことは知らなかった」と思った人は、完全にマスメディアに洗脳されている。

社会福祉が機能していて、医療費は無料。

しかし、無料でも、病気になったらすぐに診てくれるわけではない。たらい回し、手遅れが当たり前の国だ。1年待つこともある。知らないでしょう?

女性が社会進出しやすく、男性も安定して働いてくれて、育児に協力する国の代表として世界中で称賛されているが、それもまったくデタラメに過ぎない。

まず、離婚率が半端ではない。およそ半数の夫婦が離婚をする。そのため、子どもがノイローゼだ。育児ノイローゼがない代わりに子どもがノイローゼなんて何かのギャグかと思う。その子どもたちが大人になって犯罪者になるという悪循環を生んでいる。それでも、「女性が社会進出するためにはやむを得ない」というのがフェミニストの本音だ。

男たちは、社会福祉に守られていて、「夢がない」。

「日本やアメリカに住みたい」と言っている。デンマークは幸福の国ではない。

スウェーデンも、共働き、育児を共同で行うことや福祉が充実していることで有名だが、現実はデンマークと似たようなもので、強姦の発生率が日本の20倍。しかし、フェミニストは譲らなくて、「日本では泣き寝入りが多いから、発生率がわからない。スウェーデンは夫婦別姓、共働き、男女平等の最高の国」「婚姻を重視しない文化だから離婚は当たり前で、子どもには影響はない」と言って怒る。そして、「日本も見習うべきだ」と言う。

？

日本は婚姻を重視するから見習えませんね。ここがフェミニストの弱点だ。

経済の話に戻ると、「世界一幸福」と言われる国は決まって重税で、その分、産まれた時から死ぬまで安定した生活が出来るようになっている。葬式代も国が出してくれる。そうなったら、あなたはどうか。働く意欲がなくなるのでは？

日本の有名政治家では、特に橋下徹《はしもととおる》がそういう国にしたいようだが、子どもが多いせいだろうか。完全な独裁者なので、自分よりも優秀な若者を作りたくないのかもしれない。

日本人でい続ける限り、あなたは成功する

世界一幸せと言われるデンマークもスウェーデンも模範に出来ないことになった。

では、日本はどこの国を模範にすればいいのか。

日本でいいじゃないか。

日本は素晴らしい国だ。

経済も人間の質も、町の治安も。

はっきり言って、経済が疲弊しているとしたらそれは円高のせいで、韓国を模範にすることも、グローバル化を推進して、日本の企業から個性をなくすことも必要ない

のだ。

デフレから脱却したら、所得税と消費税を元に戻してほしいものだ。

さて、本書はお金をどうやって稼ぐか、お金持ちになるにはどう考えたらいいか、というテーマなので、デンマークの話も書いた。重税で社会福祉が完璧だと当然だが、お金持ちにはなれない。

もはや、模範にする国はない。

あなたは日本で頑張ればいいのだ。国粋主義者でいいのである。

すでに語ったように、革新主義者では国は良くならない。

アメリカがそれを証明している。なぜかと言うと、どこかに書いたかもしれないが、すでに先進国は経済で頂点に登ったのだ。それをさらに革新してどうするか。

戦争がない世界とか核兵器のない世界を目指す動きは良いが、経済でピークの状態にある国が、さらにピークを目指すとは、１００点満点の成績を取ったのに、文句を言われているような気分である。私はね。

日本の今の状況に文句、不平不満を言っている人たちは、１００点満点とは言わないが、80点くらいを維持している日本の経済や治安をどうしたいのだ。
やはり、バラマキが欲しいのか。女性たちは痴漢を0にしたいのか。

あなたは甘え過ぎている。

身を粉にして働かないとお金は入ってこない。人々が裕福になれば犯罪も減るんだ。そして、働けるだけの経済状況で、働けばお金持ちになれるシステムにもなっているじゃないか。

一方、世界一幸福と言われている国は、働いても働いても重税でお金持ちになれない。犯罪も多い。中国では、一部の人たちしかのし上がれない。

日本人でいれば、あなたは成功する。

一発当てて失敗するか、地道に働いて成功するか

地道に、地道に年収2000万円

私は父親がサラリーマンで、私に財産を残してくれたわけではない。物書きになるためのコネを用意してくれたわけでもない。私が病気持ちで、助けてもらったことは多々あるが、お金持ちの家系とは無縁だったから、私は一代で、資産を築いたことになる。

30歳の時に物書きになって、副業が上手く行っていた時期は年収が4000万円。その後、副業、本の売れ行きも不振になって、東日本大震災の年は本がまったく売れずに、年収は1500万円程度まで落ちた。しかし、その年の暮れから、今年にかけ

て本が2冊続けてベストセラーになって、２０１2年の年収はどれくらいだろうか。

ある有名人を批評する媒体で、「里中李生って男は年収３０００万円くらいだから一流ではないが」と一般人が書いていた。当然、それを書いた男は、年収が1億円はあるのだろう。３０００万円を見下すような男が年収４０００万円では、この言い分は暴論と言える。

あなたは、年収３０００万円と聞いて、「小さい。もっとすごい男はいる。例えば、ソフトバンクの孫正義《そんまさよし》とか」と思うか。それでは、あなたは成功本などを読んだら、孫正義やビル・ゲイツになれると思っているのか。

私が年収数億円になる可能性はある。今、年収が２０００万円ほどだからだ。

しかし、あなたたちは、年収が５００万円前後だろう。しかも、そこで立ち往生してしまっているはずだ。**まずは、年収1000万円を目指さないといけない。**今、年収１０００万円の人は、２０００万円を目指す。「地道」というやつだが、実は、私は競馬の指南書を書いていた時も、「地道に儲けなさい」というスタンスで、「競馬で1億円稼ぐ方法」という多くの一発を狙った本の影に隠れてしまっていたものだ。

その結果、私がどうなっているかと言うと、まず競馬を毎週のように買って競馬での借金はなく、住宅ローンはちょっと残っているが、家とマンションを持っているのである。マンションは住友不動産の、わりと高級なマンションだ。本の売れ行きは200万部を突破していて、印税が10％として、10年で2億円。本の仕事の話をすると、「小説を書かないか」という打診はあったが、自己啓発などの本で今は売っていくのが妥当だ、と判断し、小説家に転身するギャンブルは避けた。

副業の競馬の仕事は2012年で辞め、地道に、地道にやっていくのが私の儲け方だ。昼夜が逆転して、昼間に寝てしまっていても、株を指値で仕込んでおいて、利益を少しでも出している。しかし、大口で持っている銘柄は、目標株価に到達するまでほとんど売らずに持ち続け、ギリシャ不安で世界同時株安になって、私の持ち株の一部が損益率17％まで下がったが、配当金をもらいながら持ち続けている。「もう絶対に上がらない株」というのは、バブルの頃に最高値で買った古い株や倒産に追い込まれている会社の株で、それ以外はなんとかなるものだ。その証拠に、安倍新政権誕生とともに株価が上昇。私の塩漬け銘柄は、息を吹き返した。

巷《ちまた》には、

「アフィリエイトでお金持ちになる方法」

「遊びながら1億円稼ぐ方法」

という本が目立っていて、一発を当てた人が書いているのか、私はとても軽蔑している。

要は、「宝くじに当たった。その当て方はこうだ」と同じレベルと思っている。アフィリエイトで本当に月収何百万円も儲けられるなら、誰もがやるはずだ。やらないということは、地道に働きたいと思っている人間が多いからではないか。

人は本当に、「宝くじを当てて、引退して南の島でずっと休んでいたい」と思うのだろうか。ジャンボ宝くじを買いつつも、「当たっても仕事は続けよう」とか、「どうせ当たるはずはないし、当たったら逆に困るな」と苦笑しながら、お祭りのような気分で買っているのではないか。実は私もそうなのだ。ジャンボ宝くじをよく買う。近所に、「北関東で一番当たる売り場」があるのだ。太鼓を叩く場所があったり、けっこう遊び心がある売り場で、行列も出来ているから、一緒に楽しんでいる。妻はポルシェが好きなので、「当たったら、911を買ってあげよう」とか言って笑っている。

皆、話題作りのために宝くじを買っているのだ。

あなたは、近くにいる成功者をバカにしていないか？

しかし、本書は、話題作りのための本ではない。

本気なのだ。

あなたの年収を倍、いや3倍にするためにはどうすればいいのか。

それを地道に、年収2000万円前後を維持して、少しずつ資産を増やしている私が考えるのである。

それにはまず、

「里中って奴の年収は2000万円程度か。小さい。参考にならないな」

と嗤《わら》わないことだ。あなたの年収が2000万円以上なら嗤ってもいいが、そうじゃないはずだ。しかも、お金持ちは小金持ちを嗤わない。**お金持ちは高貴で、汚い人間以外は嗤わないのだ。**

当たり前の話を言わなくてはならないのが残念だが、今の時代は「上から目線」が横行していて、あきらかに自分よりも地位や実力が上の人間を必死に貶《おとし》めようとする日本人が大勢いる。民度は戦後最低ではないだろうか。

私が年収5000万円の人に対して、「たいしたことない」とバカにすることはまずなく、さらに言うなら、私よりも年収が少し低い男にも敬意を表するのに、この時代の庶民（または大衆）と呼ばれる人たちは、「おまえはたいしたことがない」「おまえは売れていない」と、さかんに言うようになった。

具体的に言うと、最近、年収1600万円のサラリーマンに出会った。以前から知っていた人だが、羽振りがいいから年収を聞いたら、準富裕層クラスである。私が2000万円以上だから私の方が多いのに、「すごい男だ」と感心しきりである。私は高貴だからそう考えるが、ネットを中心に有名人の悪口ばかりを言っている人や第4章に書くB層の連中は、「年収1600万円？　たいしたことはない。ただの小金持ちだ」と言ってバカにする。自分は年収が500万円程度なのに。

それが戦後最低の民度ということだ。

ゆとり世代の人たちが出てきてから、私が口を酸っぱくして言って、嫌われている話で結ぶが、**先輩や自分よりも稼いでいる人たちを決してバカにしてはいけない。**無論、あきらかに脳なしという男はいて、それは誰でもわかることだからその男を模範にする必要はないが、あなたよりも稼いでいる男は才能があるか、努力しているか、人柄が良くて、多くの人に助けられてきたのだ。それは、尊敬に値することではないか。

私が年収2000万円から3000万円だとして、あなたが500万円前後だったとしたら、そこには大きな差がある。その差は、一言で言うと、**考え方の違い**だ。

繰り返すが、**「近くにいる成功者も有名人の成功者もバカにしてはいけない」**と声を大にして言いたい。

「石川遼？　顔だけで実力はないね。俺はゴルフをするからわかるけど、あいつはドライバーの精度が悪いんだよ。もう終わってるね」

あなたもこんな話をしたことがないか。孫正義、斎藤佑樹《さいとうゆうき》、秋元康《あきもとやすし》、前田敦子《まえだあつこ》、有吉弘行《ありよしひろいき》……自分よりも稼いでいる誰かを貶《おとし》めようとする悪口を言っていないだろうか。それがあなたの最大の弱点なのだ。

あなたはお金を稼ぎながら、人間性も磨くために、人生を再スタートさせないといけない。

【第1章】

安倍新政権で
あなたの生活はどう変わるか

「日本はダメな国」という勘違いをやめよ

日本は歳を取っただけで、終わったわけではない

本書を執筆中に衆議院選挙が終わり、自民党が圧勝した。

私は有名な自民党贔屓《びいき》なので、「自民党で日本は良くなるの?」という質問などを知人らからよく受けた。

「日本は良くなるの?」と言うくらいだから、日本はだめな国と思っているのだろうが、それがひどい勘違いで、「良くなるのかって、もともと悪くないよ」と苦笑して答えていたものだ。政治の話になってしまうが、「自民党がもともと日本をダメにしたんだ。民主党がダメにしたんじゃない」と言っている輩《やから》も多かったが、自民党は日

本をダメにしてはいない。人間のピークが20代だとして、日本はたんに歳を取っただけなのだ。老化したのである。自民党政権は、「老化を始めた国」という人間を必死にアンチエイジングしていたが、老化は止まらず、国民から批判されて、民主党に政権を取られた。ところが、老いぼれた人間を生まれ変わらせることなど出来るわけもなく、民主党政権も3年余りで終焉《しゅうえん》。また自民党に戻った。自民党はこれからまた、老化した人間のアンチエイジングに努めることになる。しかし、何か特効薬がないと若返りは難しい。

さて、日本の何がダメなのか。

特に、ダメなところは見当たらない。強いて言うならマスコミの反日勢力だろうか。別項でも書くが、彼らはどうしようもなく、人間のクズだろう。

バブル期が傲慢《ごうまん》だったことを考えると、ちょっと不況になった今、人間的にもそんなに劣化したとは思えない。ネットに、男の弱った奴らが上から目線の文化を作ったが、ノーベル賞も取れる、金メダルも取れるくらいに優秀な人材は多くいる。繰り返すが、女たちはダイエットに夢中になるくらい食べ物も飽和状態。動物病院が流行っているくらい、人間以外にもお金を使っている。

民主党の責任で、尖閣などの領土がピンチになって、東日本大震災により、原発問題が浮上していることが、今までよりも、「ダメ」と言えばダメなのだが、それも自民党政権が修正していくと思われる。もともと、そんなに悪くなかった国が、震災などで悪化したのだ。それが治れば良い。


仕事の面でも同じことが言える。選挙の前後に、

「女性が就職しやすいようにしてほしい」

と、どこか疲れた顔の女の人がインタビューで答えていたが、もう、そんなに疲れてまで仕事をしようとしないで、

「女性が結婚しやすいようにしてほしい」

と言えないのか不思議に思う。もちろん、そういう発言は情報として流されないのだろうが、別項でも書いたように、男の仕事が増えることが確実視されている2013年以降、女性は結婚に力を入れればいいだけで、男は仕事に精を出していけばそれで日本は元の姿に戻る。領土の問題もあるし、自衛隊なども強くして、男の時代に戻

せばいいのだ。

「安倍のやろうとしていることは富国強兵だ」と揶揄《やゆ》している司会者もいたが、それがアンチエイジングの特効薬かもしれない。もっとも、「戦争をしたい。戦争をしろ」と言っているのではなく、自国の領土くらいは自分で守ろうではないかと私は言いたい。

頭の悪い人がいる限り、格差社会はなくならない

経済についても、「どこか他に浮かれている国はありますか」と私は何度も言っている。

中国の一部の富裕層くらいがはしゃいでいるだけで、国民全員が万歳をして小躍りしている国なんかないし、日本がどんなに経済を活性化させてもそうはならない。国民の半分は頭が悪い。これは目を逸《そ》らしてはいけない事実だ。「格差があって当たり前」と言ったのは小泉純一郎《こいずみじゅんいちろう》だが、**格差があるとは、「バカがいる」という意味なのだ。**日経平均株価が3万円になっても能力のない人にはお金は入らない。先ほど、

「女性が就職しやすいようにしてほしい」と力なく言っていた女の人がバカなのだ。能力がないから就職できない。きっと一度は就職したが、何かの理由で退職したはずだ。そして30歳を過ぎて再就職がないと言って、国に哀願。そんなおバカさんを国がなんとかしないといけないなんて、赤ちゃんのオムツの世話をしているレベルである。

格差というのは、頭の悪い人が取り残された状態になることで、国民の半分は頭が悪いから、格差社会はなくならない。

給料が下がったのは、その人がバカだから。

自分で責任を持たないとだめだ。

全てを国のせいにしてはいけない

日本には、内乱や伝染病がない。食も余っている。

しかし、日本人は、「悲観する民族」と言われている。戦争で負けたからだろう。経済に関しては、先進国の中では国民の90%が、「日本の経済は悪い」と思っているらしい。デンマークなどの社会福祉国家は大したことがないと別項で述べた。まさか「中国はすごい」と思っているわけではないだろう。中国の場合、人口13億人に対して、貧困が5億人。GDPは1人当たり33万円に過ぎない。共産主義の欠片もないと言ってもいいだろう。失業率を見ても、アメリカは、15%はあると言われている。いや、もっと上かもしれない。イギリス人は、国民のほとんどが「海外に移住を検討したことがある」と言っているくらい経済が悪化している。

日本人の場合は、なんとなく、「日本の経済はだめだ。この国はいかん」と思っているだけで、「じゃあ、何がだめなの？」と訊かれても答えられる人は少なく、イギリス人のように、「いっそ、海外に移住しようか」なんて考える人はほとんどいないのである。あなたもそうではないか。

「しかし給料は下がってきた」

と反論してくる人は、それが自分の能力不足だとわからないのかと言っているのだ。厳しいようだが、「ボーナスが増えた」と言っている人もけっこういるのである。

給料は下がることもある。

当たり前ではないか。上がり続けるわけはない。

甘えるのもいい加減にしてほしい。しかも、それを「国のせい」にしている。こんな安定した共産主義国のような国で、なぜ、そんなに、「日本の経済はダメ」「俺の生活は苦しい」「就職がない」だ。

すべて、自分の責任だ。

私の収入も2011年には半減した。しかし、それからまた盛り返した。その間、ずっと民主党政権だったが、私は経済に関しては民主党の批判はそんなにしていない。円高対策を怠っていたのは呆れたが、民主党を嫌っていたのは尖閣や竹島を奪われそうになっていたからで、私の生活状況の悪化を政治のせいにはしていない。ところが、一般の人たちというか、サラリーマンやOLは違うようだ。「国が悪い」「政治が悪い」と口を揃えて言う。

あなたが営業に行って断られたら、それは国のせいなのですか。
あなたの企画が通らなかったら、それは国のせいですか。
あなたが面接で落ちたら、それは国のせいですか。
違う。**すべてはあなたに能力がないからなのだ。**
今後、私の本が売れなかったら、私と出版社の能力が足りないからだ。安倍新政権のせいではない。

あなたが中国の貧困層に生まれていたら、チャンスはまったくない。

だが、あなたが日本の一般家庭に生まれていたら、チャンスは山ほど転がっていて、たとえ、成功者になれなくても、貧困にもならないのである。そうでしょう？

日本はとても良い国だ。

あなたはいつでも、年収１０００万円以上の生活を手にすることができるのだ。中国の貧困の人たちから見たら、羨ましい限りの生活だ。

まずはもっと楽観的になってほしい。


映画『バブルへＧｏ!!』を知っていますか。コメディ映画だが、とても勉強になるから観てほしい。バブルの頃がいかにも傲慢《ごうまん》ではしゃいでいたのかがわかる。国の借金が９００兆円と言われても、主人公の女の子は悲観的にもなっていない。そして、実際にあんな映画を創れるのは、日本経済にまだまだ余裕がある証拠なのだ。

株価は２万円くらい。失業率は２％で、日本を安定させてほしい。

安倍自民党政権で、デフレ脱却へ向かう日本

民主党を擁護し、自民党を批判するマスコミ

安倍晋三総理が、日本の経済を復活させる可能性が高いという話をする前に、安倍総理が嫌いな人もいると思うから、少し、私の話を聞いてほしい。

知っている人も多いと思うが、日本のマスコミはそのほとんどが反日で、当然保守派の政治家を目の敵にしている。名前を上げると、安倍晋三総理、麻生太郎《あそうたろう》副総理、亡くなった中川昭一《なかがわしょういち》のような政治家だ。北朝鮮の拉致問題に全力を尽くす、という政治家をマスコミは殺しにかかる。先般の衆議院選挙で自民党が圧勝し、安倍晋三が新しい総理になった。靖国神社にも参拝を強行する保守のタカ派で、尖閣、竹島など

が危機的な状況に置かれている今、安倍のような総理は日本の救世主とも言えるのだが、朝日、毎日をはじめとする大新聞、雑誌は安倍総理に対するネガティブキャンペーンに余念がない。

民主党、すなわち、中韓に媚《こ》びて、日本の破壊を目的にしていると言っても過言ではないリベラル政党のことは絶賛していた。例えば、3年前の衆議院選挙で鳩山政権が誕生した時の『週刊朝日』の見出しを列挙しよう。

◆国民の暮らしがこんなに変わる！　民主党政権1年後のニッポン
◆経済効果は2兆円超で日経平均株価1万3000円突破
◆大企業の下請け「いじめ」が激減し、所得は底上げ
◆公共事業のムダ撲滅で仕事のないゼネコンは海外へ脱出
◆「国民総背番号制」で年金未払いや脱税は激減
◆不妊治療に保険適用、子ども手当で「平成団塊ベビー」が日本を救う
（一部省略）

1年後どころか、3年半経っても、何もならなかった。その間、領土は奪われそうになって、経済ではデフレが進行。政権公約だった子ども手当ては暗礁に乗り上げ、ガソリン税も放置。高速道路無料化もできない。所得は下がる一方で、公共事業を軽視して老朽化した道路だらけになり、事故まで起こってしまった。東日本大震災の復興には着手せず、ただ黙って見ているだけ。実行したことは消費税を上げる法案を通し、貧困層にプレッシャーを与えたことくらいである。

ちなみに、民主党が政権を取った時の『週刊朝日』の表紙は、堂々とした顔の鳩山の大アップ写真。今回、自民党が政権を奪還した際の表紙は、安倍が背中を丸めて愛想笑いをしている、暗いシャドーをかけた写真。ここまで来ると、社是ではなく、子どもレベルの陰湿な虐《いじ》めだが、それを批判するマスコミはおらず、前回の安倍政権と麻生政権のマスコミの大バッシングに懲《こ》りた自民党自身が、「これから（マスコミの）批判を浴びながら、政権を運営していくことになるから、気を引き締めて、次の参議院選挙まで慎重に行きたい」と大人の発言をしている。安倍も石破《いしば》も、若い小《こ》泉《いずみ》進次郎《しんじろう》も冷静だ。

3年間、無能政権の下に下野していた自民党は、「傲慢《ごうまん》」を捨て、勉強をし直し、経済復活のために、上げ潮派の安倍晋三を総裁に選んだ。

別項でも述べるが、公共事業に200兆円を使うと公言。もちろん、いきなり200兆円をばらまくわけではない。ばらまきという言葉が出たが、民主党のばらまき政策は絶賛されて、自民党のばらまきが批判されるのも、日本のお家芸と言える。

さて、マスコミの批判があろうがなかろうが、この原稿を執筆中に日経平均株価は1万円を突破。前述した『週刊朝日』の3年前の記事では、民主党で1万3000円になるとか書いてあったが、もちろんそんなことにはならず、ずっと1万円以下で低迷。ところが自民党が政権を奪還し、まだ組閣もしていない段階で、安倍の「金融緩和発言」と「公共事業銘柄」の高騰で、あっという間に株は上がった。

思い出してみてほしい。民主党が政権を取った時に、鳩山は、「(勉強するのに)3ヶ月待ってください」と発言した。私は仰天したものだが、そんなノロマな政治をやろうとしていた当時も国民は民主党に夢を見て、マスコミは連日民主党を絶賛していた。一方、今回政権を奪還した安倍総理は、翌日からオバマ大統領と電話会談。日銀の白川総裁がクビを恐れて、安倍総理を表敬訪問。物価目標を2％に引き上げることで政策協定を結ぶ検討を始めた。民主党の物価目標は1％だったのだ。公明党とは大型補正予算の協議に入り、選挙中はあまり触れていなかった『震災復興』も最優先課題とした。円は2012年12月現在で84円。民主党時代は79円だった。無論、あれほど円高を嘆いていたマスコミが、「安倍の円安発言は危険」と必死に批判しているから、ポリシーなどどこにもなく、ブラックプロパガンダを続けているだけに過ぎない。そんなに、日本が復活するのが嫌なら、日本から出ていけば良い。

私は冷静に判断し、ずっと日本は自民党で良い国だった、と何度も言っているのだ。内乱も起こらず、餓死する人もおらず、何がそんなにだめなのかと言いたい。これでダメだ、ダメだと言う人たちは、何かのユートピアを夢見ているのか。私も、日本は恋愛が窮屈（セックスに厳しい）なのと、大麻やカジノなどがないからストレス発散出来ないのが不満で仕方ないが、治安に関しては、「こんなに素晴らしい国はない」と疑わない。女性が夜中に一人で歩けるのだ。ありえない平和な国だ。

民主党がずっと政権の担当を続けていたら、確実に尖閣、沖縄が中国に支配されていた。「それでもかまわない、尖閣なんかどうでもいい、きっとそれが国民の総意だ」と言っているおじさんやおばさんが、今でも大勢いる。選挙に行かなかった大勢の人たちと民主党に投票をして、野田や菅を当選させた人たちだ。

さて、同じく中国贔屓のNHKでは、「物価が上昇すると、消費が落ち込む危険がある」と、株価上昇に伴う物価の上昇に警鐘を鳴らしていた。ハイパーインフレのことだろう。もはや、ギャグとしか言えない（ちなみに、NHKでは民主党の首相に対して敬語を使っている場面が多かった）。

物価が上昇したら給料が上がる。そのお金でモノを買えば循環する。しかも、日本人はもともと預貯金を持っているのだ。それを使っていないだけで、給料の上昇に加え、預貯金（箪笥《たんす》預金）を物価の上昇に合わせて使うようになったら、インフレは進行。銀座の歩行者天国を歩いているだけで、ブランド店に入らない人たちが、ヴィトンやブルガリに入るようになる。結果、別項でも触れたが、百均ショップや激安店は壊滅（良いこと）。東急ハンズやロフトでも小物を買うようになり、長く喘《あえ》いでいた三越伊勢丹などの百貨店も復活するだろう。しかも、株価が上がってきた時点で、日本人の株預金が何百兆円も増えるのだ。実際に私の株も大きく増えている。「さあ、車でも買おうかな」という気分だ。皆、そうなる。

インフレで収入が上がって、それを預金するほど、日本人は我慢を続けていられない。長い不況で疲れてしまっている。良いものを食べたいし、ユニクロにも厭きている。

安倍自民党政権で、あなたのボーナスは上がる

ところでインフレになっても、「俺の給料は上がらないじゃないか」ということになるのだが、給料は1年間で変動はないが、ボーナスは違う。安倍政権でインフレになっても給料がデフレ時代のままだったら、生活は苦しくなるが、会社の業績が上がればボーナスに反映してくる。断っておくが、あなたの給料は安倍政権がいくら頑張っても簡単には変わらない。サラリーマンの1年間の給料は春に決まる。春からインフレになってきたら、当然、生活は苦しくなってしまう。その代わりに、株価が上昇を続ければボーナスの大盤振る舞いがある。バブル期もそうだった。給料は今と変わ

らなかったがボーナスが桁違いだった。**安倍政権が掲げる「円安、株高」は、あなたのボーナスを上げるのだ。**

「株高になっても地域には何も恩恵がない。外国人投資家や富豪が株で儲けるだけだ」という話をよく聞く。もう、理屈はいいでしょう。高度経済成長期からバブル期にかけて、株価は４万円近くまで上昇した。民主党時代は８０００円台だった。８０００円で景気が良かったのですか。

そしてインフレになると、ポジティブな行動力が生まれてくる。「車を買わない」という若者が、「ＢＭＷが欲しい」と言い出すのがインフレマジックだ。安倍自民党政権で、もし、デフレからの脱却が出来ないとしたら、それは中国が尖閣を奪うために戦争を仕掛けてきた時だけだと私は思っている。しかし、富国強兵という言葉があるように、戦争が起きそうになった場合でも、それなりに経済は活性化するものだ。「ニートが日本を良くする」と、ふざけたことをネットに書いた若者がいたが、ニートの方々は戦地で頑張ってほしい。

株価が上がれば、必ず景気はよくなる

株を甘く見るな

「株価が上がって、脂《あぶら》ぎったり、禿《は》げたおじさんが、証券会社の株価ボードの前で嬉しそうにインタビューを受けているのを見ると、バカだと思う。
株価が大衆の生活安定にまったく貢献しなかったことを、皆、知らない。そういう人が今回の選挙で自民党に投票して、今騙されているのだ。」

本書を手にした人たちは違うと思うが、世の中には、本当に頭が悪い人がいるもので、こんなことを言っている男たちがたくさんいる。安倍自民党新政権で株が上がっ

て怒っているのだ。もはや、幼稚園児レベルの頭の悪さか、何か社会に対する恨みがあるのだろう。試しにネットで探したら、

「株が上がると、お金持ちが儲かるからむかつく」

定番のセリフを吐いている男たちが、ゴキブリのように出てきた。

安倍政権の経済対策の話でも少し触れたが、株が上がると何が良いのか。そして私の株投資について簡単に述べたい。

『週刊新潮』新年特大号に安倍総理のインタビューが掲載されていて、「株が上がると年金も助かるのです」と言っていた。年金資金はご存知のように、株に運用されている。株が下がると大損害になる。しかし、逆に上がっていけば、年金の資金が楽になるわけだ。安倍前政権の時には、なんと株価は最高で1万8000円にまで上昇した。安倍、恐るべしだが、そのため、3兆円の運用益が出た。株を上げていくと、年金などの財政基盤が強固になる。それを、株を嫌悪する人たちは考えない。民主党の野田は、選挙の前に「インフレでハイパーインフレになって、庶民が苦しくなる」とデフレを容認する発言をした。もちろん、株価など上げる政策もなく、日本中が疲弊

していた。こんな男が選挙で当選するのは、「株が上がったらムカつく」というバカが投票するからだ。

それから、こんな話をよく聞く。

「株が上がったら、株を持っている人たちがお金を使って景気がよくなるなんて真っ赤な嘘。私の周りで株をやっている人なんかほとんどいないし、株を持っている人も、株が上がっても何も買ったりしていない」

これを言った男はきっと離島に住んでいるのか、付き合っている友達が投資などとは無縁で、やる気なく平凡に生きているのだろう。類は友を呼ぶというやつで、**向上心のない人間の周りには同じタイプの人間しか集まらない。**

私の友達・知人には株や他の投資をしている人がいっぱいいる。

原発問題で、風力開発などを買って儲かった知り合いが、「儲かったから飲みに行ってくる」と言っていたものだ。その頃の株価は8000円台だ。

今、1万円を突破したところで、私の持ち株は急上昇。

株が上がっても、株を持っている奴は買い物をしない？

私は毎日、ネット通販で何か買っている。午後3時に市場が閉場した瞬間に、

「今日も株が上がった。映画のブルーレイを買おう」「また上がった。昔売ってしまった古いロックＣＤを買おう」

最近は妻に、

「三井物産の株があと５００円上がったら車を買うから」

と言ったものだ。

株価が上昇して、持ち株を黙って見ている人は滅多にいない。利益確定売りもするから、モノを買わなくても株式市場は活気が出て、税収も増える。

私の知り合いは庶民が多いが、そのまた知り合いに、「今日は株を１億円動かした」と言っている男がいた。これは、売買をしたという意味だ。売買をすると、証券会社は手数料で儲かり、利益が出るとそこに税金がかかるから、国の税収も増える。

株が上がったら、税収が増える。

「株が上がっても、俺たち庶民には関係ねえ。お金持ちが儲けるだけだ」

と唾を吐いている連中は、税収が増え、その恩恵を受けることになったら、誰に礼を言うのか。まあ、何かの手当てをもらっても、そのお金がどこから出てきたのか、そんなことは考えないのが庶民の性格だからどうにもならない。

支払う税金が少ない人間は、偉そうにしてはならない

本書をここまで読んでいたらわかると思うが、私は、「お金持ちを憎んでいる」ような庶民を容赦なく叩くし、軽蔑している。

国の税収のほとんどはお金持ちで賄《まかな》われているのだ。

庶民なんか、くその役にも立っていない。私もだ。私程度の小金持ちなんか、それほど役に立っていない。だから、私は年に何千万円も税金を払うお金持ちに、「奴らの税金を90％にしろ」とか言っている庶民が大嫌いなのだ。

自分は何か国に貢献したのか、考えてみるといい。

国民は、国に税金を払って、初めて社会人だ。

その伝で言うと、**税金が少ない人は大人しくしていないといけない。偉そうにしてはいけないのだ。ましてや非課税の人間や無職の奴は、何も発言する権利はない。**ところが、今の日本は、（ネットの普及で）そうした連中がいい気になって発言をし、偉い人たちや頑張っている人たちを説教する時代になっている。

どんな株を買うか

話が脱線してしまい、申し訳ない。

最後に、私の株投資の技術を述べたい。素人だが、プロの意見を聞いていた頃は大損していて、自分でやるようになってから儲かるようになった。

基本的に、ウォーレン・バフェット氏の信念と同じである。

理由もなく下がっている優良銘柄を買う。

有名な企業が会社四季報で、「今期黒字を計上」とか出ているのに、なぜか下落。という場面で買っていく。株市場は、資金の流れが、今週は商社やエネルギー。来週は不動産や建設。再来週はＩＴ企業と動き、Ａ社が黒字になったから連日上昇するというわけではない。

Ａ社の業種が上がる日や週にＡ社が上がっていくのである。

不動産や建設業ばかりが上がっている週に、好調なのに下がってしまった商社を買ったりするのが私のやり方だ。

それから、知っている企業しか買わない。

あの、ライブドアの事件で大損をした人たちは、ぽっと出のライブドアがどんな会社か知っていたのですかね。知らないと思う。知らないのに買った。そしてその会社は事件を起こして潰れた。

私は有名で昭和の時代からある会社しか買わない。

5から10社程度しか銘柄登録をしておらず、その会社の株の動きを把握している。例えば、住友商事がよく上がる日は三井物産があまり上がらない、とか。ソフトバンクは、上がった翌日はほとんど利益確定売りで下げるとか、そんな傾向を知っているから、少額ならいつでも利益を出せる。

そして繰り返し言うが、**株で利益を出したら、私は必ず何かを買って、経済に貢献をするように心がけている。**

私は、国のために考えて行動している自分を誇りに思っている。

さて、あなたはどうか。

「お金がない」と言う人に、お金は絶対味方しない

周りを平凡にしたがる、平凡な人たち

お金がない人は、物欲もまったくない。

世界は通貨制度なのだから、お金を使って物を買う。その物の中には安い物、高い物があり、庶民が苦労しないように安い物もたくさん用意されている。それが増えすぎると世の中がデフレになるのだが、経済の話は前項までとしたい。

数年前の正月、実家に帰った時に、テレビが初詣に来た若者を映していた。「今年の抱負は？」と訊《き》かれたその若者は、「今年も平凡でいたい」と叫んだ。既存の著作

でも紹介したほど情けない話だが、先日、飲み屋に行ったら、バイトの男の子がいて、やはり、「平凡な人生を送りたい」と笑っていた。平凡、平凡と強調するくらいだから、「ポルシェを乗り回したい」とか、「ヴィトンの旅行鞄がほしい」とか、「美女を何人もモノにしたい」という欲望はないだろう。おっと、ここは物欲の話。女は関係ないか。

物欲で言うなら流行の、「車は必要ない」という問題になり、「洋服はユニクロで十分」という大衆志向で満足。むしろ、威張って言うから付ける薬がない。

話は少し脇道に逸《そ》れるが、今、私が非常に憤りを感じていることがこの問題。まず、上から目線でモノを言う若者だらけで、平凡や普通を威張るのだ。

例えば、芸能人がフェラーリで事故を起こしたとしよう。するとネットにこんな書き込みが増える。

「フェラーリなんかに乗っていないで、もっとまっとうな車に乗りなさい」

「あなたは過去にトヨタのCMに出ていた。フェラーリに乗ってはいけない」

庶民、平凡人が、上から目線で命令。その芸能人が、大物だろうが中堅の実力派だろうが、おかまいなしに啓蒙《けいもう》しようとする。

「修理にもお金がかかるし、別のフェラーリに乗り替えたらどうか」

なんてコメントは、１００件探しても出てこないだろう。


私の場合にも、東京ドームホテルで打ち合わせをしていたら、「そこが高級ホテルと思っているのか」などと言われてしまう。高級ホテルではないかもしれないが、スタバで打合せをしたいとは思わない。落ち着かないからだ。東京ドームホテルには近所に馬券を買う施設があり、昔、競馬の仕事をしていた頃にも、「馬券を買うために東京ドームホテルを利用しているようだが、自慢しているのか」とよく庶民派（？）から批判された。仕方ないから、隣接するデニーズに行ったら、頭の悪い競馬オヤジがバイトの女子高生を恫喝しているのを見て、また東京ドームホテルに避難した。

今の日本の庶民の世界など、清貧とは程遠く、暴力、無教養、反日が横行しているに過ぎなくて、私はそこから逃れたい一心で生活している。自民党の安倍総理の３５００円カツカレーに怒っているのが、反日、自称庶民派の下劣な人間どもだ。『三丁目の夕日』の世界など、空想に過ぎない。

庶民でお金がないのにもかかわらず、お金を持っている人に対して、「おまえは偉くない。庶民的に暮らしなさい」という言葉は、悪徳とさえ言える醜悪な思想だ。しかし、それがネットを中心に日本中を徘徊《はいかい》している。後で述べる清貧とはあきらかに違う品格のない「貧乏人」で、日本の民度は、社会主義、共産主義的なこの思想を持った平凡な人間たちによって、著しく堕落したと言っても過言ではない。

ユニクロやマクドナルドでは景気を回復できない

堕落した人間たちには理解できないと思うが、もし、ブランド店が次々と日本から撤退したら、

「日本にはお金を使う人がいない。需要がない」

と見なされることになるのだが、庶民派、平凡人はそれを歓迎するのだろう。銀座や新宿からヴィトンやブルガリやグッチが消えたら、

先進国失格。

の烙印《らくいん》を押されたようなものだが、代わりにその店舗に無印良品でも入れば大喜び

で買い物に出かけるはずだ。それを、

「お金がないから」

と言っているうちは、お金は増えない（私は無印良品が好きだが、例として書いた）。

私は年収数千万円の小金持ちだが、見栄を張っているのではなく、「ブルガリが日本から消えたら困る」と思い、財布をブルガリに替えた。その前はバーバリーを使っていたが、「バーバリーはブラックレーベルがあって安定していそう。だけど、ブルガリはこのまま不況が続くと撤退していくのではないか。それは困る。俺はブルガリの指輪をしている女が好きだ」と考えるのである。私のこの奇怪な行動の裏には、

「お金を使って経済を活性化させる」

と言う庶民には思いつかない、お節介な考え方が根付いているわけだ。

お節介でしょう？

自分のことと言うよりも、ブルガリの心配をしているのだ。そして、日本の経済の心配をしているのである。

「稼ぎたい」気持ちは、あなたの才能を開花させる

そうして、私がブルガリの高い財布を買った日は、子どもの夕食はうどんということになるのだが、それでも、1週間もあれば数万円は取り戻せるのだ。

どうやって？

「稼いでやる」と必死になればいいだけだ。

「そんなオカルトなことでお金が増えれば苦労しない」と思ったあなた。では、前述した庶民派、平凡好きな人たちが、ブルガリの財布にこだわったり、「今年の抱負はポルシェを買うこと」と思うだろうか。露《つゆ》も思わないはずだ。思わなければ、車は軽で良くて、財布は百均のものでもいいはずだ。それでは、消費は落ち込んだままだ。

実は、私の妻は物欲がまったくなく、ずっと百均で買ったガマ口を使っていた（今はバーバリー）。もちろん、妻は主婦だから、「稼ぐ」なんて考え方はなく、それでいいというわけだ。しかし、男たちはそうはいかない。働いているのだから、少しでも稼がないと平凡どころか、「無能」という話になってしまう。「無能のレッテルを貼る

のはおまえだけだ」と怒られると思うが、将来の奥さんもあなたを「無能」と思うだろう。

「稼ぎたい」「お金がもっと欲しい」「あれを買いたい」という気持ちは、必ずあなたの中に眠る才能を開花させたり、ものすごいアイデアを生ませる。

リスクは大きいとはいえ、私のように先に買ってしまうことも、あなた自身が追い詰められるから効果はある。お金がなくなって銀行強盗はまずいが、ローンを組んで、トヨタの86を買ってしまったら、その先、必死になって働くだろう。それが、給料のアップに繋がる。

「俺の会社では働いても給料は上がらない」。それはどういうことか。**あなたの会社ではあなたが成果を出しても結果を出しても、あなたの昇進を見送るブラック企業なのですか。**違うはずだ。

私は高い買い物をしたら、自分から出版社に売り込んで仕事を増やすこともある。２０１２年は、『一流の男、二流の男』『できる男はこの言い訳をしない』（共に三笠書房）がヒット。年末には、『時代に迎合しない男の極意』（フォレスト出版）という本もヒットしている。なのに、自分から「仕事はないですか」と訊《き》くこともあるのだ。

お金を使わない限り、あなたは一生貧乏なままだ

私は、新車が欲しい。欲しくて欲しくてたまらない。

フェラーリを買ったら破産するが、私くらいの年収だと５００万円くらいの車を買うと、破産もせず、非常にやる気が出てくる。「また、仕事を増やすぞ」という気持ちになる。

庶民派、平凡志向の人は違う。買おうと思えば２００万円の車を買えるのに、軽自動車にするか、もしくは買わない。その**無気力、無関心とも言える空っぽの思想は、その人を一生貧乏なままにして、ほとんど世の中に貢献させることなく終わらせる。**

あなたはそれでいいのか。

良い物を買う。良い物を食べる。高級な物を買う。

その快楽志向は決して「悪」ではない。

悪徳は、お金を使わないことなのだ。あなたの箪笥預金が諸悪の根源だ。

ユニクロやマクドナルドが増えても景気は一向に良くならない。しかし、あなたの街にブランド店が次々とオープンしたら、あきらかに景気回復である。あなたは社会貢献をしないといけないのだ。

あなたは今から、ブランド物の財布を買いに行く。まずは、財布から始めてほしい。大切なお金を入れる道具だ。財布の次は洋服。次は車。私の言う通りにしてほしい。景気はきっと回復する。

真の金持ちは海外を目指す

金持ちからむしり取った税金を平気な顔で使う庶民たち

「こんなにお金持ちに優しい国は日本だけです。本当に金持ち優遇です」

ネットで検索するとこんな言葉がずらりと出てくる。

情けない男たちだ。

もし、金持ちに優しいとしよう。

当たり前ではないか。

なぜ、貧乏人に優しくしないといけないのか。

能力がなく、周囲に迷惑三昧。その上、税金も少ししか払わず態度だけは一級品。

金もないのに結婚はして子どもを作り、その子どもも能力がないからまたしても周囲に迷惑。デフレ、無料に群がって、ちっとも経済を活性化させない。「将来の夢は？」と訊かれると、「平凡になることです」と、力がなくなるようなことを口走る。

悪は完全に貧乏な方だ。

優しくする義務などない。

中には健康なのに生活保護を受けたり、親の金で暮らしている輩もいて、「金持ちの税金を寄越せ」と言っている。「働かざる者食うべからず」という言葉さえも知らないくらい、知識もない。

お金持ちに関して言えば、元民主党の鳩山元首相のような、親の金で大金持ちという男からはたっぷりと税金を取ってもいいだろう。だが、世間は鳩山のような男と成り上がったお金持ちを一緒にしてしまっている。

才能と努力と胃が破裂するくらいの労働をして、お金持ちになった男を、なぜ、虐める必要があるのか、と私は思うが、あなたは違うのか。違うなら、あなたは社会主義者で、世の中の本当のことや肝心なことを知らないばかりか、能力の高い者を能力の低い者の世界に引っ張りこもうとする悪だ。卑小な悪である。器が小さくて、利口な少女なら、そう、少女すらもあなたを相手にしないだろう。

非常にわかりやすいことだが、自分が懸命に働いて、病気になるくらいの知恵と体力を使い、大金を得た時に、

「税金は70%。せっかく儲けて悪いが、貧乏な人たちと同じになってもらわないといけない」

と国から言われたらどう思うか。怒りがこみ上げてきて、発狂する可能性もある。もちろん、お金持ちには知恵があるから、やられっぱなしにはならない。外国の、

「お金を稼いだ人は偉い。優遇します」という国に住所を移してしまう。

最高税率に目が向けられてばかりだが、モデルケースによっては、最低課税対象額が400万円弱とはどういう優遇か説明してほしい。

優遇されているなら、貧乏も一緒なのだが、一円も所得税を払わなくて良いなんて、それで選挙権があってはいけない。

課税最低限があまりにも高いので、引き下げを検討したが、もちろん、それは増税ということになるから、多勢を占める庶民は大反対して政治家は選挙で勝たなくなる。

そのため、課税最低限は高いままだ。わかるだろうか。所得税を納めていない人が大勢いるのだ。その人たちが、「お金持ちの税金をもっと上げろ」と言っていたとしたら、そんなに卑小で呆れた話はないではないか。しかし、日本ではそんな暴言ばかりが聞かれる。

私はだから、貧乏人を軽蔑し、静かに清貧に生きている人を助けたいと思っている。「清貧」という言葉を調べてほしい。

里中李生は、貧乏人は叩いているが、清貧な人たちを守ろうとして生きている。そのため、**私から高額な税金を奪ったら、清貧な女性たちを助けられなくなる。**

それが国民の総意ならば、日本人は単純に、「優しくない民族」だと解釈する。

お金持ちが次々と日本から消えるワケ

ほとんどのお金持ちは、その稼いだお金で沢山の人を助けている。助けられる人は、そのお金持ちよりもお金のない人たちだ。税金対策だろうがなんだろうが寄付はしているし、会社を経営している人は、従業員を養っているとも言える。

不況も手伝って、庶民の願いは、「お金持ち虐め」。次の政権では仕方なく、お金持ちの所得税を45％以上にするだろう。

「100億円稼いでも50億円も残る。それのどこが悪いのか」

私の友達の知り合いが言ったそうだ。

100億円稼いでいる日本人などほとんどいない。現実には1億円以下の人が多く、例えば、年収3000万円の人から、1500万円を奪ったとして、その人の苦労はどうしてくれると言うのか。

人は、いや、男は何を目標に、または夢にして生きていくのか。

「お金を稼ぎたい」

ではないのか。**その夢を打ち砕くのが、お金持ちに対する増税だ。**

少年たちは、公務員を目指し、国から突出した若者が出てくることがなくなってしまう。しかも、安定した高収入のある人は、必ず海外に出ていってしまう。マカオだったら税金は10％、香港でも16％くらいに過ぎない。一方、日本は、細かいことは省くが、所得が900万円を超えると33％、1800万円を超えると40％だ（2013年1月現在）。私のような小金持ちでも、家族を説得して、マカオや香港に移住しようと計画しているのに、もっとお金持ちは簡単に日本から出ていってしまう。日本には、法人税、相続税など世界中から煙たがられている高い税率を課している税金があるが、それを貧乏な人たちは語らない。見ているのは単純な収入だけだ。だから、説得力がないのだ。

今、日本はこういう状況に陥っている。

『日本人の優秀な男は海外に移住し、海外の優秀な男は日本に来ない』

世界の富豪たちが、例えば鹿児島辺りに移住してきて、大豪邸を海岸沿いにいっぱい建てる、なんてことにはならないのである。もし、それが実現すれば、経済はかなり活性化してくるし、世界でも人気の高い日本人女性が富豪たちに見初められたら、少子化も改善していく。

あなたたちが考えていることは、とても平凡で一般的で、誰でも言えることばかり。

「お金持ちの税金を上げたら、世の中は上手くいく。貧乏な人たちは助かる」

それは、誰でも思いつく話。**誰でも思いつく話は大半で間違っている。**

お金持ちの税率を思い切って引き下げ、相続税や贈与税を撤廃。世界中から富豪を集めて、経済を活性化させれば、「俺は貧乏で困っている」という人の給料も上がっていく。

それに気付いている人は、

「この国はバカだな」

と呆れながら、それをやってくれる国に移住していくのだ。

「年収2000万円は金持ち」は錯覚だ

私欲にまみれた男は破綻する

いわゆる「貧乏」とはお金に困っている状態なのだが、貧乏な日本人は、貧乏なのに、過剰に見栄を張る様子が多く見受けられる。

前項に出した「清貧」という言葉は私の好きな言葉のひとつなのだが、何やら意味深な言葉である。辞書で見ると、「行いが清らかで私欲がなく、そのために貧しく暮らしていること」と書いてある。

では、私欲を調べると、「自分だけの利益を貪ろうとする心」とある。

私欲は最悪とも言える。

私欲ばかりあり、自惚《うぬぼ》れている男は決まって破綻する。

先に言うが、私には私欲があまりない。別の本で「快楽主義」を提唱しているが、要は、私が明るく振る舞ったり、行動することによって、周りの親しい人たちも楽しくなればいいな、という思想のことだ。決して、私だけが快楽を貪る話ではない。

『週刊ダイヤモンド』という雑誌に、年収2000万円から転落し、自殺未遂をした男の話が載っていた。ＩＢＭの出世街道を歩んで、高級車や高級時計に散財し、その後、仕事が上手くいかなくなって、うどん屋のバイトまで転落。「俺はうどん屋でバイトをするような男ではない」と思ったという。その後、借金が1億円にのぼって自己破産したそうだ。私も、明日から急に印税が入らなくなったら自己破産だが、うどん屋のバイトをけなす男にはならない。

実は、年収2000万円くらいから一気に借金地獄になる男は多い。なぜかと言うと、年収2000万円というのは、そんなに巨額ではないのだ。ところが巨額だと錯覚する男が多く、また、錯覚したまま散財するからだ。当たり前と言える。

そして、**年収2000万円くらいは、そんなに信頼される数値とは言えない。**第2

章に詳しく書くが、貧乏から、ちょっと成りあがったくらいに過ぎないのだ。女が、「わあ、すごいね。そんなに高い腕時計を買うんだ」と喜んでいても、内心では、「あんた。たいした金持ちじゃないよ」と嗤っていることが多いだろう。

なのに、過信する。

「俺はすごいぞ。お金持ちだぞ」と。

年収2000万円でも、心が貧乏では敬遠される

私が本書の依頼を受けた時に、

「私はそんなにお金持ちではないから、年収2000万円くらいがどういうものなのか、という話にしていいですか」と編集者に言った。頼んだ、と言ってもいいだろう。確かに、中卒、無一文からここまで来る男は少ないからそれは自慢だが、年収2000万円でポルシェに乗ろうとは思わない（ポルシェ911は夢だから、いつかは乗りたいと思っているが、まだ不相応）。

「年収2000万円で、お金持ち」という本にはしたくなかった。

この記事の男は、今は反省しているらしいから叩くことはしたくないが、要は、年収は当時で2000万円と立派に稼いでいたが、心が貧乏だったわけだ。

貧乏な人も清貧にはならずに、よく見栄を張る。

序章にも書いたが、大型の液晶テレビやブルーレイが、アパート暮らしの家庭にもあるものだ。ちなみに、私の家のリビングはずっとブラウン管テレビだった。それが壊れてしまい、なのに液晶テレビを買わずに、押し入れにあった小さなブラウン管を出してきて、それでテレビを見ている。妻が、「液晶テレビを早く買ってよ」と怒ることもなく、息子も文句は言わない。珍しい家庭だが、それは私が強い父親だからである。

繰り返すが、**年収2000万円は人を惹き付けるほどの額ではない。**

なのに、私利私欲に走っては、人望も失う。

しかし、**年収が増えた時に清貧な気持ちを持っていたら、人はあなたに付いてくる。自分の私欲のために使わず、困っている人にそのお金を使うのだ。**簡単なことだ。寄付を勧めているのではなく、ちょっと周りを見たら、困っている友達や女の子がいるはずで、その人たちに食事を奢《おご》ったり、何かプレゼントしたりすればいいのである。

身分に応じたお金の使い方をしているか？

別項で触れるが、私は事情があって、都内の高級ホテルをよく利用している。それを「成り上がり野郎の贅沢《ぜいたく》な趣味」と叩かれているが、スイートルームを使うことはほとんどない。

私の身分ならスタンダードの部屋が適当だ、と思っているのである。何しろ、年収は２０００万円ほど。そんなにお金持ちではないから、偉そうにスイートに泊まっていたら、頭がおかしいと思われるし、あっという間にお金がなくなる。

しかし、２０００万円を手にして、「すごいお金持ちになった。俺はすごいぞ」と錯覚した男は、絶対にスイートに泊まる。そして、腕にはロレックスのデイトナ。スーツはアルマーニ。車はベンツといった具合に、年収一億円くらいの人を真似る、「見栄」を張る、それが貧乏性の証なのだ。

私はそれをよく知っている。私も年収が４０００万円に達した年に、一瞬だが、車を2台所有した。何しろ、女に食わせてもらっていた貧乏男が一気に、年収4000万円である。浮かれても仕方ない。買ったのは、BMWのZ4とボルボだった。入ってきた印税は、写真の仕事に使いまくって、モデルやアイドルに10万円、20万円と使った。そして、出来あがった写真を見て大満足。女とセックスをして満足という生活を1年ちょっと続けたものだ。しかし、その時の仕事の友達は病気でリタイア。アシスタントは、私の収入が減った所で退職した。それから、「道楽や女にお金を使うのをやめよう」と決意。当時、ホテルはスイートルームだったが、それもやめて、車は国産車に変更した。

そういえば、笑えるくらいバカな話として聞いて欲しいが、高級ホテルを予約するのに、直接ホテルに予約したり、アメックスのプラチナカードを使って予約していた。プランなんか無視。10万円の部屋は10万円で宿泊していたのだ。そう、一休.comを利用して安く宿泊する、というアイデアさえも浮かばないくらい、お金に無頓着になっていた。それをやめて、今では、ホテルは一休.comを使い、ポイントが貯まった時にだけ、ちょっと良い部屋にしている。

第2章の、「デパ地下でしか食事を買わない」という話と矛盾しているように見えるが、私は高級レストランには滅多に行かないのである。デパ地下は、年収１０００万円前後の人たちの溜まり場で、惣菜の金額もそれ相当である。

今、口説きたい女の子がいるのだが、彼女は車が好きだ。「ポルシェで颯爽と迎えに行ったら、落とせるかもしれない」と愚案が浮かぶが、それはその女性のためにはならない。私の私欲である。だから、それもしない。

こうして私は丸くなったと言えるが、もともと清貧な心は持っていて、実は本が売れた瞬間に、セーブ・ザ・チルドレンに電話をして、毎月寄付をする登録をした。私は、散財していた頃に、毎月引き落とされる寄付金を見て、心を取り戻したのかもしれない。

散財は「たまに」くらいがちょうどいい

そして、最後に一言、重要なことを言っておきたい。

たまにならいいのだ。

あなたが一生のうちに、「たまに」散財するのは問題ない。一回だけ、ポルシェを買うのも、超大型の液晶テレビと、1TBのブルーレイを買うのもいいのだ。**ダメなのは、お金もそんなにないのに、それを連続して続けていくことだ。**

成功は持続しない。

サイバーエージェントの藤田晋《ふじたすすむ》さんも、「人生は成功とどん底を繰り返している」と言っていた。作家の安部《あべ》 譲二《じょうじ》さんは、流行作家から転落して借金を4億円も作ってしまった。誰かは言うだろう。「転落が怖いなんて、おまえは腰抜けだ」。そう、私は腰抜けでもいい。私には守るべき人たちがいるから、転落するのは嫌だし、私欲に走ることはもうしない。もちろん、年に1回か2回は、高級ホテルで高級料理を女の子と食べることもある。「たまに」というわけだ。

あなたは、清貧な心を持ちながら、「たまに」贅沢をすればいいのだ。それが、先進国で生活している人の生き方ではないか。

【第2章】

「一生庶民」の生活から抜け出すには

どれだけ庶民的な生活から抜け出したいと思えるか？

大富豪の本に惑わされるな

スティーブ・ジョブズのような成功者の本を読むと、わかることがある。それは、貧乏性の人間や庶民派を気取っている人間が、どれくらい貧乏かを誇示していて、「バカ」かわかるということだ。

「お金がないからバカ」なのではなく、根本的な考え方が間違っているのだ。

代表的なのが、前項でも書いたが、

「お金持ちを増税にしろ。そうしたら、俺たちの生活は助かる」

というもの。国に頼っていないで、自分たちがお金持ちになればよいのに、そこには転換していかないのである。常に、他力本願。そして社会のせいにして生きている。お金とは直接結びつかないと思っているのか、政治にも無関心で、選挙でも適当に投票する。欧州の国の人たちは、「日本人はちゃんと選挙に行かないんでしょ」と軽蔑しているくらいだ。

他にも、お金持ちは、「お金があれば良い医療が受けられ、命も助かる」と思っているが、貧乏性の人たちは、「お金では命は助からない。所詮、癌《がん》になったら終わり」と考える。その結果、助かる命も落としてしまう。

成功者の本にはこのように、「貧乏が正しい」とさえ思っている人たちを、「それは違うんだよ」と啓蒙してくれるメリットがあり、あなたが意識改革をするためにはもってこいだと思う。

しかし、デメリットもある。

成功の規模が大きすぎて、現実的ではないことだ。

海外の大富豪の話が多く、各国リゾート地に別荘があったり、カジノで遊んだり、株投資は億単位。こんな記事を読んでいたら委縮してしまうだろう。日本人では、中卒で資産100億円に達した大根田勝美《おおねだかつみ》さんという有名な男がいる。この人の場合でも、アメリカに渡って成功を収めた。資産100億円といえば、日本では0・01％に過ぎない。

そこを目指せ、といっても、それは不可能に等しい。しかも、必ず海外に渡っているので、日本人とはいえ、外国人のような生き方をしているものだ。グローバル社会と言っても、「海外に出ろ」と簡単に言えないのが現実ではないだろうか。

では、年収1000万円以上の日本人を調べると、人口に対して0・5％以上ということだ。こちらなら現実味がある。実際、私が中卒にもかかわらず、年収2000万円以上である。

日本では、年収1000万円から3000万円以上の人たちを富裕層と見ている。一部の妬《ねた》み族が、「年収3000万円で富裕層だと？　ふざけんな。何億も稼いでみろ」とネットで喚くものだが、日本の今の経済状況から言って、年収2000万円前後はかなり優秀だと言える。私がその程度だから、自慢しているように聞こえてしまうが、では、「私は年収2000万円から3000万円でちっともお金持ちではない。皆さんは、年収1億円以上、死ぬまでに資産は100億円にしよう」と言ったら、それはそれで批判されるはずだ。お金の話はとてもナイーブで、ここでは私は悪役を買って出ることにする。

今から、私が生活状況を吐露《とろ》するが、それを、「ちょっとお金があるからって自慢するな」と怒るようでは、あなたはお金持ちにはなれない。

「なるほど。年収2000万円ならこの程度か。俺も頑張ろう」と思ったら、あなたは優秀な男。第一歩を踏み出したことになる。

年収2000万円になるということ

私の10年間の平均年収は2000万円くらい。本が10年で200万部以上売れているし、副業もやっていた。確かに、「富裕」かと問われると、そんなに贅沢な暮らしはしていないが、アメックスのプラチナカードのインビテーションがすぐに来て、小遣いとして毎月30万円から50万円は利用していた。今は節約をしているが、それでも月に15万円はどうしても必要で、一番の原因は安いものを食べないからだが、その話はまた後で。

車は、BMWのZ4とボルボにずっと乗っていた。過去形になっているのは、本宅とは別にマンションを購入するために、預金を使い、車を1台にまとめたのだ。車はホンダのCR‐Zというエコカーに乗り替えた。

そして、これも別項で語るが、「年収2000万円で車を2台所有するのは利口ではない」と考えるようになった。

マンションは3000万円ほどの価格だが、序章にも書いた通り、住友不動産の良い物件だ。これを購入した理由は複雑で、まず、大地震で津波の来ない土地のマンションは値上がりすると読んだこと。それから、女とのセックスのため。妻ともし離婚した際に住める場所の確保。私は三重県に実家があるが、そこには住めない理由があって、東京近郊に不動産がないと困るのである。しかも、セックスをずっと都内の高級ホテルでしていたが、月平均で20万円を使ってきた。きっと年収1億円の人たちは、毎月100万円以上はセックスに使っているはずだ。私は少ない方。しかし、庶民の人たちから見たら、セックスのためにラブホではなく高級ホテルに泊まるのも贅沢。それを思うと、私は富裕層なのかもしれない。

その高級ホテルをセックスのために、今後10年間使い続けていたら、マンションくらい買えてしまうのだ。だから、高級ホテルを止めて、マンションの購入に踏み切ったわけだ。

他に庶民と違うところは、先ほど触れたが、夕食の食材をデパ地下で買っていること。

家の近くは高島屋とそごう。三越がないのが残念な街だが、あとは成城石井を利用している。妻は庶民派の人で、決して贅沢はしないが、食事に関しては、「近所のスーパーは新鮮じゃない」と言って、敬遠している。私に、「お金をください」と言えないタイプで、お金がなくなると、アメックスの家族カードを使って買い物をしている。ただし、デパ地下で買い物をすることは、そんなに贅沢ではない。デパ地下に買い物にくる主婦の人たちの夫の年収は1000万円前後だ。本物のお金持ちは、豪邸で料理人を雇ったり、寿司を握らせたりしている。または、現地や海外から高級食材を取り寄せているものだ。私はそんなにお金持ちではない。しかし、庶民でもないと繰り返し言っておきたい。

他に庶民と違うところをいくつか列挙しておく。

ＤＶＤをレンタルしないこと。1週間後に返却するのが面倒くさいから、ＤＶＤを買ってしまう。

ファミレス、吉野家、マック、回転寿司などには入らない。良い物を食べるのが基本。

洋服はブランド物。バーバリーが好きだ。丸井と新宿の伊勢丹メンズ館を利用している。ユニクロなどでは誤魔化さない。

しかし、私は子どもの教育に躍起《やっき》にならない。

「子どもを良い学校に行かせて、お金持ちにさせる」とか、「安定した大企業に勤めさせるために、良い学校に入れて高学歴にさせたい」というのは、完全に貧乏性の誤った考え方。その親が貧乏なら、負け組の思想とも言える。シャープに入社しても絶望的になっている人たちが大勢いるのだから、とても安直な考え方で、頭が悪いとしか言えないだろう。

私は、**子どもの教育は「才能を引き出すこと」が重要で、勉強を詰め込むことはどうでもいいと思っている。** したがって、私立ばかりに行かせて、子どもの教育費が大学を出るまでに5000万円ということは私の家庭では起こらない。そういう部分で、少し節約をするのも、年収2000万円くらいの特徴である（実際は年収2000万円あると、いい気になって子どもを私立に入れる人が多い）。

食費、光熱費を含めての月々の出費は60万円から100万円。

これはそんなに大きな数字ではない。

私の知り合いのサラリーマンでも、月の小遣いが40万円という男がいる。

あなたも、目指せる範疇《はんちゅう》だ。無理？　無理ではない。他の多くの人間が出来ているのにあなたが出来ないことはあまりない。金メダルやノーベル賞を取れと言っているのではないのだ。

まずは私の自慢話を怒らずに読めるか、それが鍵になる。

私の本は現実的なのだ。世界の大富豪の話ではない。

妻、または女から尊敬される男を目指せ

女の話で言うと、大富豪は世界の美女と付き合うのだと思う。または、お金持ちの御令嬢や女優。そんな話を聞いても、まったく現実味がない。あなたが、前田敦子《まえだあつこ》や石原《いしはら》さとみと付き合うというレベルになってしまう。

しかし、私くらいだと、女優とは付き合わないが、元タレントや一般人の美女とは難なく付き合うことができる。私は今47歳だが、20歳くらいのガールフレンドもけっこういるものだ。

「その女の子たちは、おまえの金が目的なんだ」

と、よく言われるが、あなたが貧乏を晒《さら》しているのに、わざわざ寄ってくる女は、かなり頭がおかしく、企みはなくても、ただ寂しいだけで決して利口とは言えない。貧乏な男を選ぶ女は、ただのバカ。

恋愛がしたいだけの女と、良い男を探している女とは違う。

前者はバカで子どもだ。

お金が目的の女は、お金があるうちはずっと尽くしてくれる。しかも、お金を稼ぐのは簡単ではないということを、付き合っていくうちに理解するから、お金がなくなったら離縁というのも実はあまりない。また、妻がいるお金持ちに、若い女の子が近寄っていくのは打算があるのかもしれないが、**お金のない女の子にとって、お金を稼いでいる男は、「すごい」の一言に尽きるのだ。尊敬されるのである。**しかし、打算がないはずの貧乏な男に嫁いだ女は、貧乏が苦しくなってくると不平不満を言い出すものだ。必ず、あなたの悪口を誰かに言っている。「うちの旦那は役立たず」と。

先日も、百貨店のエレベーターで、幼稚園くらいの子どもたちに、「パパの稼ぎが悪いから、これだけしか買い物できないの。本当にあのくそ野郎」と怒鳴っていた女がいた。子どもが、「もっと買い物しようよ」と言ったら切れたのだ。恐ろしい光景としか言えなかった。

一方、**お金のある男の妻は、決して夫の悪口は言わない。**

実は、女の話を最後に持ってきたのは、これが言いたかったから。

まずは自分の妻が、自分の悪口を言わない家庭を築くことを目標にしてもらいたい。

貧乏な男の妻は、高い確率で、夫の悪口を言っている。

それを一緒に聞いている子どもは、あなたを、つまり父親を尊敬しない。それが、貧乏家族の最大の欠点だと言っても過言ではない。

私の家は息子一人だが、今、小学校2年生。私のことを尊敬していて、敬語すら使う。書斎に用事があって入ってきて、出ていく時に、「失礼しました」と頭を下げていく。小学校2年生の所作ではない。しかも、私がやらせているわけではないのだ。

自分からするようになった。

坂本龍馬を尊敬しすぎて自己がなくなる男よりも、「父を尊敬しています」という男の方が、決まって優秀だ。特に、女の子は、父親がお金を持っていたら、貧乏な男には向かわない。父親のように優秀な男を探すものだ。

「お金持ちの性格の悪い父親の娘なんか、ロクな女がいない」って？

それはあなた、テレビドラマや映画に騙されているんですよ。

『庶民派志向』『貧乏万歳』から抜けだす方法は、

・妻、または女から尊敬される男を目指す。

・成功者の本を読む。そして妬まない。

ということだ。

「安定」とは幻想に過ぎない

日本のサラリーマン信仰に惑わされるな

シャープが経営危機に陥った時に、社員がインタビューに出てきて、「ずっと安定していると思って入社したのに」と涙目で語っていたものだ。

甘えに他ならない。

甘えでなければ、世間知らずの楽観主義か。

安定とは幻想だ。

私はあることで、「屈辱」を味わっている。

あることとは、職業が、「作家」であることだ。

親から、「おまえの仕事は安定してない」と、ずっと言われてきた。母親は面と向かっては怖くて言えないのだろうが、電話では私を叩き続けている。

「お母さん、いったい、いくら稼いだら許してもらえるのですか」

と、言いたいくらいだ。

デビューしてから10年余りで2億円は稼いだ。それなのに、

「不安定な仕事だ。心配で夜も眠れない。早く、サラリーマンになりなさい」

ベストセラーを何回出しても、

「来年はわからない」「次の本は売れない」

5社から出版依頼を受けていると言ったら、

「うーん。今はそうかもしれないけど……」

そうして母親に悪態を吐かれている10年の間に、私の友達・知人はサラリーマンなのに、失業したり、給料が極端に下がって生活が困窮してしまった人もいる。

一方の私は安定して出版し、本もほとんど増刷をし、恐らく本書が書店に並ぶ頃には、中堅サラリーマンの1年分の年収は得ている。それなのに、「先のことはわからない。本が売れなくなったらどうするのか」と言われてしまう。

売れなくなったらどうするかって、その時に考えるよ。

そして、「サラリーマンなら、ずっと安定しているのに」と言われるわけだ。

日本人のサラリーマン信仰は病的だ。

サラリーマンになれば安定で、サラリーマンになれば偉いと思っている。また、親の話になるが、私の息子が、「大人になったら、お父さんみたいに本を書いたりして、お金持ちになりたい」と言ったところ、私の親は、「サラリーマンになるってそのうち言うから」と笑っていた。

高度経済成長期からバブル期にかけてのサラリーマン神話なのだろう。日本の中核になっていて、応援しないといけない風潮もある。作家などがサラリーマンをバカにしたら、ものすごいケンカになるものだ。本書でも、第4章に出てくる「B層」の話で参考にしてもらう適菜収《てきなおさむ》さんは、きっとサラリーマンから叩かれていると思う。B層とはサラリーマンを指すようなものだ。サラリーマンは大衆とも言えるから、怒らせるとこちらは潰されてしまう。

大企業でも実力がなければ「安定」することはない

話を戻すが、**安定とは、あなたの実力のことなんだ。**

わかるだろうか。

「サラリーマンが安定」ではない。勘違いしないで欲しい。

あなたに実力があれば安定して生活が出来、実力がなければ大手企業のサラリーマンでも不安定なのだ。

私は物書きの仕事で10年以上、安定している。自画自賛だが立派だと思っている。「売れていてもおまえの本のレベルは低い」と、毎日のように言われているが、野球で言えば2番、セカンド、打率2割5分ということで、いいじゃないか。このご時世に10年以上、同じ仕事で生活しているのだ。しかも、完全な実力主義の世界。売れない本を3冊くらい続けたらもう終わりだ。

作家の場合、デビュー作がまったく売れないと、もう仕事は来ない。直木賞を取っても芥川賞を取っても、その受賞作が売れなかったら終わりだ。他の世界はそうではないところもある。プロ野球なら2軍からやり直すことができる。誤解されては困るが、プロ野球が甘い世界とは言ってない。チャンスが2回か3回はあると言っているだけだ。作家の世界は、チャンスは最初の1回だけだ。

私の場合は、デビュー作がヒットした。そして別の出版社から出した本も売れて、その出版社と10年仕事をしている。だが、売れなかった出版社は次の仕事をくれない。A社で大ヒットを飛ばしても、B社から出した本が売れなかったら、B社はもうその著者に執筆を依頼しない。私に1回しか執筆をくれなかった出版社は一昨年までに3社もある。これも当たり前で、私は怒っているのではない。将棋の世界では、名人だって、シード権がもらえない大会がある。名人になっても竜王戦では予選から。1回戦で負けたら終わりだ。

呆れてしまうくらい甘いのは芸能界で、1度トップクラスに立ったら、何回失敗してもまたチャンスをもらえる。視聴率、3作連続1桁台を出した主演俳優にも、また仕事がくるではないか。覚せい剤で捕まっても仕事がくる（こんなことを書いたら、苦労して復活したタレントの有吉弘行さんに叱られるかもしれないが、全体的に見ると、転落した人にもまたチャンスが与えられていると言っているのである）。

作家で、初版5000部を刷って2000部しか売れなかったら、それで単行本は終わりだ。雑誌のエッセイで食いつないだり、テレビに出て喋ったりする人はいるが、肩書きが変わったと思っていいだろう。

私が20歳くらいの頃に一世を風靡《ふうび》した小説家で、今でもベストセラーの棚に本を並べられるのは、村上春樹《むらかみはるき》さん、村上龍《むらかみりゅう》さん、五木寛之《いつきひろゆき》さんくらい。たまに、渡辺淳一《わたなべじゅんいち》さんのエッセイ集を見かける。伊集院静《いじゅういんしずか》さんが復活してベストセラーを連発しているのにはびっくりしているが、小説ではなくエッセイ集である。小説家が若い頃に小説で売れて、高齢になったらエッセイで売れるのは、ゴルフのシニアで強くなったようなものだ。だから、別のジャンルで再出発して成功したというところだ。

では、本題のサラリーマンの話だ。

「サラリーマンなんか、俺に比べたら甘い世界。ふざけんな」

という話ではない。サラリーマンも厳しいのだ。

決して、安定していない。

もし、結果を出せなくてクビになったとしよう。他にも会社は山ほどある。履歴書にも、「営業成績が悪かった」と書く必要はない。だから、上手く別の会社に入社している人もいるだろう。だが、今の時代は実力主義で、無駄な人間は雇わない。面接した会社が、前の会社に電話をして、「○○さんが辞めた理由を教えてください」と調査されてしまう。

リストラは当たり前。シャープのような大企業がピンチになったりする。しかも、家族が増えて、会社が出す手当てが増えるほどリストラの対象にされてしまう。リスクが高いとはこのことだ。

なのに、「サラリーマンなら安定している」とは、高度経済成長期からバブル期にかけての神話が残っているとしか言えない。

しかも若い人たちまでそう言うのだから、神話ではなく、教育として残っているのか。勉強不足で申し訳ない。実は、サラリーマンがどれくらい困窮しているか、それを取材できないのだ。申し訳なくて聞けないのである。友達に、「お金がなくて、おまえと飲みに行けなくなった」という男がいる。サラリーマンだ。その彼に、「どうしておまえの会社は倒産寸前なのか。給料は今いくらなのか」と、そんな非情なことは、私には聞けないのだ。

それくらい、**サラリーマンで転落した男は絶望的なんだ。**

サラリーマンが安定しているのではない。

私のような作家やアーティストやスポーツ選手が安定しているのではない。

『安定』なんて、この世界にないのだ。幻想に過ぎない。

そう、私はずっと叫んできた。

「おまえの仕事は安定していない」

と罵《ののし》られる度に。

お金のない男が金持ちへ這いあがる方法

「お金がないこと＝弱者」ではない

私は、「弱者」という言葉が嫌いだ。

いろんな弱者をひと括りにしているのが特に厄介で、健康で働ける男でも無職だったら、「弱者」とはどんなに甘やかしている話だろうかと強い憤《いきどお》りを覚える。

しかも、「弱者」と言われている本人が怒らないのが不思議だ。私が貧乏な頃に、「格差社会」が問題になって、あきらかに私は弱者に入ってしまったのだが、憮然《ぶぜん》としていたものだ。

「俺は強いよ。一人でも生きていける。国の世話にはならないよ」

と考えていた。実際は、女の世話にはなってしまったが、「生活保護を受けたい」とは考えもしなかった。

自民党の片山さつき議員がツイッターで、「国民が権利は天から付与される、義務は果たさなくていいと思ってしまうような天賦《てんぷ》人権論をとるのは止めよう、というのが私たちの基本的考え方です」と発言して、室井佑月《むろいゆづき》とかいうコメンテイター（？）が噛みついたが、「弱者のことは頭にないんだな」という文句だった。

片山《かたやま》さつきさんも室井佑月さんも私はまったく存じ上げないが、室井さんの「弱者」という言葉に嫌気がさした。そもそも、片山さんの言葉はケネディ大統領の演説に出てきた発言で、ケネディもいろんな言葉を遺しているから、そこから抜粋したのが軽率だったと思うが、何か国家主義的な発言をすると、二言目には、「弱者がいるのに」、である。

弱者って何者なんですか。

老人、子ども、身体障害者、不治の病に冒されている人たちだろう。そして無職の人たちか。

だが最近は、老人だって、けっこう強いもので電車の中で席を譲ろうとしたら怒り出したりする。医療の進歩で体が強くなったのだ。ずっと権力を持ち続ける老害老人も深刻な問題だし、老人なんか弱者とは思えない。小泉純一郎のように、さっと引退するのがいいのだ。子どもだって、小学生まではかわいいもんだが、中学生にもなるとセックスはするし、犯罪だって犯す。何が弱者なのか。無職に至っては、ただの能力不足。しかも、職があるのに就職しない男も大勢いる。

身体障害者と不治の病に冒されている人たちのみ、私は弱者として認定するが、そうなら、心臓神経症が30年治らない私も弱者か。それは楽しい話だな。

室井さんの言う「弱者」に、もし、「健康なのに働かない者」も含まれているなら、片山議員が国家主義を主張したとしても、私は、「弱者」擁護をする著名人を軽蔑する。

「誰かに助けてもらう」という考えを捨てよ

お金がない＝弱者ではない。

病気などで体が弱いのが弱者だ。いい加減にしてほしい。

あなたが、
「俺はお金がないから弱者。国に助けてもらいたい」
と、もし考えていたら、あなたは一生、這《は》い上がることは出来ない。これは厳しいようだが、確定的なことだ。

国民が国のために働くことは当たり前なのだ。

国が国民のために頑張るのも当たり前で、国家主義だとか地域主義だとかイデオロギーなんかどうでもよい。そもそも、弱者なんかほとんどいないと言っているんだ。

地方の駅前通りの店が潰れて、シャッター通りという言葉もよく聞かれる。その店が潰れてしまった人たちが弱者なのですか。

仕事を失った人、会社をクビになった人、それら「失敗した人間」が弱者なら、私の本が一発ぽしゃって税金が払えなくなったら里中李生も弱者ということになる。とんでもない話で、私は弱者でもなんでもない。とても強い意志を持っている。

本書はどうやったら、お金を稼げるか、考える本だ。

「俺は弱者。助けて欲しい」とか、「自民党の安倍は国家主義。助けてもらえない」と思っていたら、あなたは一生、お金を稼げない。

とにかく、**「誰かに助けてもらう」ではなく、「自分でなんとかしよう」という気概、意気込みが大切なんだ。男なら、反骨、気骨ということだ。**

では、あなたが仮にお金のない男だとして（弱者ではない）、そこから這い上がる方法を伝授する。

健康で、励ましてくれる女に頼れ

国には頼ってはいけないが、女には頼って良い。

経済的に頼るのではない。精神的に、だ。

女とは、どこの国でも弱者だ。と言うと怒り出すキャリアウーマンや政治家の女が出てくるだろうが、男性社会では圧倒的な不利を受けているし、体も虚弱だ。病気の人は弱者と私が定義付けたので、体力がない女性は弱者に近いと言える。体力がない上に生理まであるのだ。彼女たちが一週間、バファリンを飲んでいる間に、男たちは道路工事だって出来る。

ところが女は神経が図太い。

あなたが精神的に弱っている時に、「そんなこと、たいした問題じゃないよ」と励ましてくれるのが女だ。「生きていればなんとかなる」という感覚を持っているから、女の自殺率は低いのだ。

あなたがすでに挫《くじ》けているのか、挫けそうなのかわからないが、一緒にいる女が、「女の時代だから、仕事はあたしがする」と言っている頭のおかしな女かもしれないし、あなたを励ますことも出来ないほど、その女も弱っているのかもしれない。

そうではなく、健康で、あなたの才能を見つけてくれたり、常に励ましてくれたり、「そんなことはたいしたことじゃないよ」と明るく振る舞う女と付き合ってほしいのだ。最高に素敵だと断言しておく。

そして、あなたは勉強をして行動に移さないといけない。

鬱《うつ》になった自称弱者は、鬱を治す努力をしていない。と書いたら、非難が殺到するが、鬱病ではなく、鬱っぽくなった人の話だ。セックスで言うと、EDではなく、EDっぽい男のことを言っているわけだ。それくらいは自力でなんとか治せるものだ。胃が痛くなったら胃薬を飲むでしょう？　なぜ、鬱になったら、薬を飲んだり、ストレス解消に何かしないのか。

私は、心臓神経症という奇病を治すために今でも勉強している。最近、ビタミンCを長期間続けて飲んでいると、ストレスの病気が緩和されるという記事を読んで、DHCのビタミンC製剤を買ってきて、毎日根気よく飲んでいる。

仕事も行動力が必要なのだ。

シャッター街が復活している話もある。こんなにデフレなのに。

高松丸亀町商店街は1990年代半ばをピークに客足が減少し、シャッター街になった。

商店街の組合員らは株式会社を設立し、地権者から土地の所有権と利用権を借り上げて、洋服店が半数を占めていた店舗を入れ替え、ショッピングセンターとして考え、再構築を図った。今は活気が戻ってきている。先の衆議院選挙では、「自民党のせいでシャッター街になった」という演説があったが、それでは民主党がそのシャッター街を再開発したのか。していないではないか。**あなたたちは国に頼っていては一生、貧乏なままなのだ。**

私の20代は、勉強と文章の練習の毎日だった。

30歳を過ぎてからはビジネスを勉強した。一時はビジネスも成功させたものだ。45歳を過ぎたあたりからそのビジネスに疲れてきて、それからは株投資の勉強を始めた。

今は文筆業と株投資で暮らしている。

もちろん、収入の9割は原稿料と印税だが、株で儲かったお金だって、ペニンシュラ東京1回分の宿泊費にはなるものだ。

あなたは、今日から勉強を始めて、健康を取り戻す努力をし、「自分は弱者ではない」と反骨精神を持ち、行動に移すのだ。

立ち止まっていてはいけない。

男は行動あるのみである。

男性優位の時代がやってくる

「男性不況」は幻想だ

「男性不況」という言葉がある。

女性の方の就職率が高くなってきて、男性は就職率が下がり、給料も減っている。例によって、「女の時代だ」という錯乱した記事なのだが、そういう傾向があることは確かみたいだ。

これは、不況によって、男の仕事が減ったことに起因している。つまり、肉体労働がなくなっているわけだ。非常にわかりやすいが、民主党政権では、公共事業にお金を使うことを避けていた。「事業仕訳」とか言って女の議員がいい気になって、津波対策の防波堤建設も削除した。公共事業に関しては、周知のように自民党が古くは、田中角栄がそれを大規模に展開し、日本の国土を強化して、ほとんどの総理がそれを踏襲してきた。その自民党のやり方を否定したのが民主党政権だった。先般、中央自動車道の笹子《ささご》トンネルで天井が崩落し、多くの人が犠牲になる事故が起こってしまったが、トンネルの補修、強化工事、首都直下型地震に対する耐震設備の強化、ビルなどの補修工事、新しい道路の建設、古い橋梁の補修。震災からの復興建設事業。そして、なんと言ってもマンションの建設。不動産である。それらをおざなりにしていては雇用が生まれない。無論、それは「男の仕事」。民主党政権のリベラル思想は、男から職を奪ったと言っても過言ではない。

女は強い男に恋をし、働かなくなる

一方の女性には、医療、福祉の仕事が増えた。

ＩＴ関連のように、会社内でじっとしている仕事も女性にはできる。

しかし、高度経済成長期に造られた道路、橋などはすでに老朽化。巨大地震がまた来る可能性も高く、それが東京近郊である確率も取り沙汰されている。

そして、自民党が政権を奪還し、安倍晋三が総理になった。

「公共事業に200兆円」

と宣言し、バラマキ政策だと例によって大新聞に批判されているが、笹子のトンネル事故を目の当たりにしては、低俗な批判を続けるのもどうかと思う。

土木、鉄道、下水道、空港、道路、橋、ダム、駐車場など、男の仕事が急激に増えていくことは確実で、すでに株式市場では、建設やコンクリート銘柄が上がってきている。

このまま株価が上がり続け、円安も進行したら、デフレからも脱却。女性に優しい時代は終わってしまう。

なぜなら、お金のない男と女同士が協力しあって、そしてデフレに迎合して、生活をしてきたその状況が一変。まず、百均ショップなどが消える。そして、不況の代表的な幸せ志向であった「イクメン」も終わるかもしれない。女性たちが大集合していた格安ケーキバイキングなどもなくなるだろう。

そして男が単体で働くようになったら、女は主婦を目指す。

今は40歳の男の平均年収が600万円弱だが、それが800万円以上に上がってくると、「共働き」は必要なくなってくる。

今の時代、実は女性たちは、「働きたくない」「仕事をする女がかっこいい時代ではない」と言うようになった。バブル期の終わりから続いた、「女が仕事をするのはかっこいい」という流行（長かったから定着した形の思想になっていた）が、終わりつつある。それは、女たちが疲れてしまったのだ。長い不況で、男たちにも覇気がなく、「車なんかいらない」「出世したくない」という若者男子が増殖している。それに女たちは嫌気をさし、だからと言って、男の代わりに働くのもまるで男の尻拭い。「冗談じゃない」という話になってきた。

そして、女の子たちは、一部の「自分を養える男」を探していて、実は「イクメン」「イクメン」と言っているのも、女と結婚したい男たちが女に媚びて言っていることが多く、女の方が脅迫まがいに、「育児に協力しない男とは結婚しない」とは言っていないのだ。

テレビの恋愛ドラマの傾向を見ていても、颯爽と働く女が登場して男を操っている、という物語も減少している。小栗旬《おぐりしゅん》主演の「リッチマン・プアウーマン」は、ＩＴ

企業の若手社長と仕事がない女の子の恋愛物語。菅野美穂《かんのみほ》主演の「結婚しない」では、菅野美穂が旅行代理店の契約社員で、生活がいっぱいいっぱいという物語。

女性が働くのは辛い、という傾向が見え隠れしてきた。

男の時代が復活してくると思っている。

女性がモノを買っても経済は活性化しない

私は10年前から言っていたが、国が傾いたら、立て直すには労働が必要で、「強い父親」が不可欠となる。労働を一生懸命にしている父親はとても家庭で強く見え、それを見た子ども（男の子）も働くことの重要性を認識する。そのため、国はどんどん活性化していくものだ。ゆとり世代のバイトもロクにしていなかった子どもたちに替わり、中学生にもなれば新聞配達などをする子どもが増えるだろう。今の時代の子どものバイトは新聞配達じゃないか（苦笑）。

老朽化した道路などを補修するためと、首都直下型地震対策のための工事を大規模で行ったら、あなたたちの給料はどんどん上がり、家庭は安泰になる。例え、あなたの仕事が公共事業と関係なくても、株価はどんどん上がり、それが実体経済にも波及していく。

「出世拒否」とか「イクメンで女の子に媚びよう」とか、そんな男は淘汰されてしまうが、あなたがもしそうなら危機感を持ってほしい。安倍総理は、前回総理をやった時も株価を上げた実績がある、経済に強い男だ。株式市場が活性化して、大手企業が潤ってくれれば、「不況だからこれでいいんだ」「女の子に手伝ってもらおう」と適当に働いている男たちは淘汰されてしまう。

さて、『男性不況』の象徴が、「車は必要ない」という新しい考え方だ。車とウイスキーが売れなくなって、ケーキバイキングとダイエットがブームになっているのが、女性の時代の象徴とも言える。

両者を比べても一目瞭然だが、女性の消費は所詮安いものにしか向かわない。女性バブルだとしても、ちっとも経済には効果がないのがわかる。いくら、スイーツを食いちらかして、ダイエットに励んでも、不況は深刻になるばかりだ。一方、男が車を買わなくなったのは、経済に大打撃を与えた。

女をバカにした話をしているのではなく、これは事実として冷静に聞いていただきたい。どんなに女性が何かを消費したり、ブームを作っても、経済が劇的に変化をすることはないのだ。逆に、子どもを作らなくなったことが経済を悪化させた。

男が車を買わなくなったり、高級なお酒を飲まなくなったことは、大企業が傾くほど経済に悪影響を及ぼしている。トヨタもホンダも海外の販売を重視し、「日本はおまけ」程度にしか力を入れなくなった。特にホンダは深刻で、主力車種だったレジェンド、インスパイアなどが国内でどんどん販売終了になっている。ところがその車は米国では好調な販売を続けているのだ。

車は女にアピールするために欠かせない道具

最後に、「あなたに車を買って欲しい」というお節介なことを言わせていただきたい。

「車がなくても、電車、タクシー、レンタカー、救急車ですべて賄える」と若者たちは口を揃えて言っているが、ここでは車を所有することによって出てくる実用性に関しては話さない。**車とは、男のアイデンティティなのだ。**

昔、人間の服装は皆、同じだった。映画「テルマエ・ロマエ」を観て欲しい。皆、似た格好をしている。それから、ファッションが誕生し、自己主張のために、人と違う洋服を着るようになった。それによって知性は磨かれて、人間はどんどん進化し、国は豊かになっていった。先進国はファッションが盛んではないか。

車も同様に、社会の進歩とともに出てきた。

車があって、人間、特に男たちは輝きを放っていたのだ。そして車の車種が増え、「どれを選ぼうか」と悩み、自分を主張するためにスポーツカーに乗ったり、家族を守るためにミニバンに乗ったり、アウトドアをしていることを見せたくて四駆を買ったりした。派手な人は赤い車や黄色い車。内に秘める人は黒や白の車。

車はあなたを見せる洋服のようなもので、誰かにアピールをするためにあるのだ。**あなたが男なら、特に女にアピールするための道具。車はセックスアピールとも言える。**

結局、車を欲しがらない草食系男子たちにセックスアピールもなければ、行動力もないという結論になってしまうが、私が20歳の頃、車が欲しくて一生懸命働いたことを考えると、「車は必要ない」という考え方は、著しく労働者を減らしていることになる。

車を買って欲しい。

お酒も、発泡酒や雑酒を飲んでいる場合ではない。私はヘネシーのXOが好きだ。

女性がいくら、何かの消費ブームを作っても、国は一向に良くならない。

主役は、あなたたち「男」なのだ。

主役らしい行動をとってほしい。

女は「中の上」を選べ

強気でも、弱気でもない女があなたを救う

女という生き物は、どうしようもないくらい気の弱い人間だ。

制度にすがっている。お金にすがっている。

男のように、リュックひとつで世界を旅するなんて女はほとんどいない。レイプの危険性もあるからだが、それくらいリスクを恐れるから、賭けにも出ない。

「男尊女卑《だんそんじょひ》の話ではない」

と、いちいち断らないといけないくらい、世間様にもスポイルされている。

男と女はこうも違うから、惹き合うのだが、嫌悪もし合う。お金のことでもすぐに

ケンカになる。意地を張るのも女の方で、リスクは恐れるのに意地は通そうとする。だから、女は恋愛で成功しない人が多い。

「あの時、素直になっていれば…」

と後悔した過去がある。

成功者や一流の男を逃して、平凡な男と結婚する女も多い。

例えば、成功者と付き合ったら、その男が浮気をしたから別れた。ところが、平凡な男と結婚したら、その男も浮気をした。「なんだ。同じじゃないか」というわけだ。

お金持ちであれば、誰でも一流というわけではない。

妻や恋人もきちんとしていないと、一流とは言えないのだ。

私はお金遣いの荒い女は軽蔑しているが、本当は、貧乏に慣れてしまった女よりもお金を欲する女の方が正しく、スーパーのバーゲンセールで１００円安い野菜を奪い合っている女たちは病気である。貧乏な男にＤＶを受けながら、その男から離れない女も然《しか》り。

人間は、「中の上」が最適。

という話をしたい。私にしては道徳的だが、本書は収入面でそれを目指すのがテーマとも言える。

女も、中の上がいい。

たまらなくいい。

貧乏は拒絶し、だが、「ブランド物以外は身に着けない」という女でもない。

食事に関しても、ある芸能人の女が、「朝から6000円のスープを飲む」と言っていたが、中の上の女は、

「朝はクノールのスープとパンでいいよ。だけど、夜はちょっと良いお肉が食べたい」と言うわけだ。そんな女が心地良い。

例えば、こちらが財布に10万円持っているのに、そのうちの3000円しか使わせない女はわりと疲れる。かと言って、「足りない。ちょっと銀行から降ろしてきなさい」と言う女も当然疲れる。そうでしょう？

中の上の女なら、彼氏が持っている10万円のうちの3万円くらいを上手にねだって使うものだ。

私がそのことに気づいたのはわりと最近だ。4年くらい前だろうか。

5万円の軍資金を持って学生の女の子と買い物に行ったら、15万円くらいする鞄を

ねだられた。あの時の疲労感と女に対する失望感は口では言い表せない。私くらいになると税理士がいるから、カードで支払うとそれをチェックされてしまう。だから、女へのプレゼントは現金がほとんどで、カードは使いたくない。まさか、学生の女の子に15万円もねだられるとは思っていなくて、ATMに走ったが、バカらしくなって買わなかった。すると、ネットに書かれて炎上である。

彼女のことは今でも殴りたいが、しかし、女はほとんどお金に執着するどうしようもない生き物なのだ。執着しない女は質素で美しく見えるが、それは男の目の錯覚でほとんどブスだ。

「わたし、お金なんかいらないよ。どんなに貧乏でもいいの。あなたさえいれば」

と、笑顔で言う美人はいない。

しかし、女のルックスに関しても、「中の上」は最高と言える。

ブスと美人の境界線にいたり、普段はブスでもセックスの時に美人になったりするのが、中の上のルックスの女で、彼女たちは、「今月はブルガリのストール」「来月は車が車検だから、新しいBMWを買ってね」とは言わない。

「ひょっとしたら、わたしはブス？」

と思っているから、強気には出ないのだ。そして弱気にもならない。非常に俗っぽい話になって、本書の質を下げているように思えるが、これは本当の話だ。**女は、中の上のルックスであれば、男の宝になる。**

美人にも見える。

豚のような顔でもない。お金に対して強気にはならない。「貧乏でいい」という病的なセリフも言わない。

女は本当に不思議だ。

男の金を使って、平気な顔をしているのだ。

どれほど自信家なのか。そう思わないだろうか。

「迷いがある女」を選べ

しかし、迷っている女は良いものだ。

「わたしは彼にお金をもらう価値があるのだろうかと考えます」

という女の子と出会ったことがある。考えるけど、改善はしないから笑える。「やっぱりお金、もらいます。その代わり、抱いていいよ」ということか。「セックスするからお金をください」という姿勢だが、迷いはあるのだ。売春に関しても、迷いがあれば美しく、なければ醜いというのが私の持論だ。AV女優と出会うとそう思う。迷ってAVに出演している女の子はかわいい。迷っていない子は頭のおかしなセリフを言うものだ。

人は、迷わなくなると醜くなる。

違うだろうか。

ある時、大金を得て迷いがなくなり、その大金を使いまくった。宝くじを当てた人は大半がそうだ。その姿は醜いから、多くの友達を失うのだ。

しかし、迷えばどうか。

「宝くじが当たってしまった。誰にも言わないで、全部預金をしておこう。とりあえず、借金だけはこれで返そう。半分は恵まれない子どもに寄付をしてしまおうか。いや、俺も恵まれていないから、少しは贅沢をしてもいいかもしれない」

良いではないか。どこか知性的に見える。

女も同じだ。

とにかく、ルックスは中の上で、迷っている女が最高と言える。

「ああ、彼氏の年収が3000万円になってしまった。どうしよう。何か買ってもらおうかな。でも、彼にはちょっと借金があったはず。それを返してからの方がいいかな。でも、借金のことなんか聞けないし。…でもカルティエが、ブルガリが、ヴィトンが……」

何か独り言を呟《つぶや》いていて、「どうかしたのか」と彼氏が心配になるような状況を作る女である。

私のガールフレンドたちも、中の上が多い。車の助手席で迷っている。

「家まで送ってくれるよね？　まさか駅で降ろさないよね？」

誰も、「駅から電車で帰れ」なんて言っていないし、そんな酷いこともしたことがないのに、なんか怯えているのだ。かわいいではないか。しかし、上級美人は違う。

「タクシー代、3万円でいいわ」

と言う。本当だ。特にセックスだけだとそうなる。ちゃんと付き合えば、上級美人でも少しは控えめになるが、強気な姿勢は崩さない。自分に価値があると思っているからだ。

ちなみに、上級美人とは顔だけではなく、スタイルも抜群だと言っておく。美人でもおっぱいがない、とか、体に欠点があると、その女の子は強気にならない。お金に対して、強気、強気でくる女は疲れる。ただ、まったく物欲がない女は、男を向上させない。女は中の上がいい。あなたの収入も、最初は年収2000万円くらいを目指すのだ。それなら迷いが残ったまま、人間性を保てる。

ブランド物が「信頼」を生む

「信用できる物」を持て

私はアメックスのプラチナカードを持っている。

成功者の多くはブラックカードだろうから、大したことではないが、本書を読んで年収数千万円を目指す人たちには、まずはプラチナカードである。

アメックスはステイタス性が高く、プラチナでも年会費は10万円。コンシェルジュデスクが24時間使えて、電話でいろんなトラブルに対応してくれる。

今年のクリスマスに、「フレンチで食事がしたい」と、彼女がありえないことを言ったもので、いろんな店に電話をしたが、どこも満席。そこでアメックスのプラチナカードで有名ホテルのフレンチレストランの「キャンセル待ち」を頼んだ。奇跡的に、パークハイアットの「ジランドール」でキャンセルが出て、クリスマスの夜にカップル憧れのレストランを取ることが出来た。以前には、福山雅治《ふくやままさはる》の大ファンの女の子のためにプラチナカードでチケットを取ったら、なんと前から数列目の場所で、福山雅治が目の前。本当に驚いた。いつでも、ライブの席が最高の場所になることはないが、高確率で前の方を確保してくれる。

そうして使っているとポイントが貯まる。

私は物を長く使うタイプで、カタログに載っている鞄やインテリア製品には興味がない。鞄はビジネスタイプがルイ・ヴィトン。トートバッグがコーチ。普段、使っているのがバーバリーで、財布はブルガリ。一貫していないのがダメだが、どれも長く使うようにしている。だから、ポイントで買う物がなく、恵まれない子どもたちのワクチンなどに使っている。それも、お金を持つ者の役目。世間の人が思っているほど、お金持ちはワルではない。それをわかっているのは、生活保護費を、努力もせず当たり前のように受け取っている無能な連中ではなく、親を失った子どもや発展途上国の貧困層の人たちかもしれない。

他に、高価なブランドものが紹介されているカタログのような雑誌が2か月に1回届く。また、特別価格で招待するという東京湾クルージングの案内など高級志向のダイレクトメールも届く。

しかし、なんといっても威力を発揮するのが高級ホテルだ。

リッツカールトンに行った時には、「ゴールドからプラチナに替えられたのですね」と言われた。ちゃんとチェックしているのだ。信頼の証なのだろう。偶然かもしれないが、その時にはレストランでちょっと優遇してもらった。無論、ホテルはどのお客さんにも平等だと思う。だが、「現金で払う」と言って長期滞在をし、お金を払わないトラブルも時々あるものだ。だから、プラチナ以上のカードを提示しておけば、ホテル側は安心する。

人間、初対面で信頼を得られることはない。

しかし、身なりや持っているモノで、ある程度は信用できるようになっている。そのための『ブランド物』なのだ。

先日、全身をバーバリーで固めて、ルイ・ヴィトンに入った。特に用事はなかったが、寒かったから飛び込んで見学していたら、何回も何回も店員さんから、「何をお探しですか」「もう決まりましたか」「ご案内しましょうか」と声をかけられた。何しろ、バーバリーの真っ赤なロングコートだったから、目立っていたのもある。普段着でルイ・ヴィトンに入っても、こんなに声をかけられたことはなかった。人は身なりで判断されるのだ。それでいいではないか。

ちょうど、民主党の鳩山が総理になった時に、「里中、おまえがどんなにお金持ちになっても、鳩山みたいな代々金持ちには敵《かな》わないんだ。おまえの好きな高級ホテルも、おまえよりも鳩山を大事にしているんだ。錯覚するな」と読者から言われたが、その通りだと思う。しかし、ホームレスと変わらない出で立ちでルイ・ヴィトンをウロウロしていたら警備員に摘《つま》み出される。先祖代々の財閥の方々には敵わないが、一般人もある程度は、信用できるモノを持たないといけない。

成功は、信頼、信用の積み重ね

銀座のブルガリで買い物をしていたら、隣の女性が楽天カードで支払いをしていたが、「楽天カードは楽天の買い物で使うのがいいんじゃないかな」と私は心配になったものだ。私も楽天カードを持っているが、普段財布には入れていない。ネット上で使っているだけである。もう1枚、ＪＲＡカードというのもあって、それも部屋に置いたまま。競馬の指定席を取る時しか使わない。財布の中には、アメックスとＪＡＬカードが入っているだけである。

車が男のアイデンティティであるように、クレジットカードもそうだと思った方がいいだろう。車、クレジットカード、洋服、靴、財布。それから腕時計。これらをそれなりに良いものにすることが、成功への第一歩だと言っても過言ではない。

成功とは信頼、信用の積み重ねなのだ。

相手が一番恐れていることは、お金を踏み倒されることではないか。

その不安を与えないようにしないといけない。

男の務めは「誰かを助ける」こと

話をアメックスのプラチナカードに戻したい。

東日本大震災の年、私の生活は苦しくなった。本がまったく売れなかった上に、前

年度の税金が重くのしかかってきたのだ。その時に、「アメックスを解約する」と私は妻に言った。すると、妻は、

「アメックスのプラチナをやめるの？　あなたらしくない。やめないほうがいいよ」

と、珍しく私の尻を叩いた。

私の妻は無口な人で、私を励ます言葉など作らない。

正直、何をしているのかもわからないくらい地味で、まさに空気のような存在である。

その妻が珍しく、反対意見を言った。

すると、年末から本が売れてきて、プラチナカードはまた活躍するようになった。

本書のテーマの一つだが、**少し無理をした方がお金は入ってくるのだ。**

ケチとか貧乏性が何も生まないのである。

最後に寄付の話をしたい。

私はアメックスの最初のカードを持ってから、ずっとセーブ・ザ・チルドレンに毎月引き落としで寄付を続けていて、ポイントが貯まると、そのポイントを使い、貧困

の国の子どもたちにワクチンをプレゼントしている。先に言ったが、東日本大震災の年は収入が激減し、この毎月の引き落としが辛かった。それでも辞めなかったのだ。人間、あきらめてはいけないし、誰かを助けようと思った時のエネルギーは最強に近いものがある。

お金をある程度持ったら、「誰かを助ける」。それが男の務めだと思ってもらいたい。

【第3章】

このお金の稼ぎ方で あなたは変わる

年収は、子ども時代の過ごし方で決まる

「お金持ちになりたいなら、ちゃんと考えなさい」

大人のあなたをガッカリさせるようだが、実は、年収は、子ども時代にどんなお金の使い方をしてきたか、お金の稼ぎ方をどれだけ自発的に行ってきたか、が大きく影響する。

あなたが、今から書くこととまったく無縁の少年時代を過ごしていたらかなりピンチだが、失恋や死の恐怖などで激変する人間も多いから、ガッカリしても、そんなに落ち込むことはない。私自身、「父親の年収を超えたい」と漠然と考えていたが、少年時代にお金の勉強をしたわけではない。20歳の時の失恋と今も苦しんでいる持病で

変わったものだ。

では、あなたの息子の教育のために、私の家を例に出そう。

私には小学2年生の息子がいる。

将来何になりたいかは、まだあまり口にしないが、たまに、「お父さんのようにお金持ちになりたい」と言うようになった。

私は決してお金持ちではないが、子どもから見たらすごい部分は随所に見せてしまっている。

例えば、新幹線はグリーン車。

息子はグリーン車が当たり前だと思っていたが、正月に帰省ラッシュに見舞われた時に自由席に立つことになって、少しびっくりしていた。

住んでいるのは、埼玉県の大宮だが、東京から大宮まで在来線を使わずに新幹線に乗ることも多い。タクシーもよく使うし、息子はその度に財布から大金を出す私をじっと見ている。対比として、妻が質素にお金を使っているから、余計に父親の私はお金持ちに見えてしまう。

最近では、良い肉を食べていることに気づいたようだ。豚はイベリコか三元豚。牛はブランド和牛。魚は焼き魚なら近所のスーパーでもいいが、肉はスーパーのものでは食えたもんじゃないくらい不味《まず》い。デパ地下で買った肉や取り寄せた肉が、柔らかくて美味しいと気づいてくれている。

食事は徹底していて、「良い物を食べさせる」「野菜をきちんと食べさせる」ようにしている。良い物を食べるためにはある程度、お金持ちにならないといけないから、息子が良い食材にこだわるようになったら、「お金持ちにならないといけない」と考えるようになるだろう。

しかし、洋服はすぐに汚してしまうから、安いものにしている。

何もかも贅沢をさせないし、「すぐに劣化する物にはお金は使わない」というのが私の生活スタイルで、例えば靴。革靴はフェラガモで、ブーツはバーバリーだが、普段履くスニーカーはすぐに汚れるから、ナイキから安いのを選んでいる。車も、以前は、「絶対にBMWかベンツ」と思っていたが、5年も持たないので、そんなにこだわらなくなってしまった。大事に乗れば10年は使えるが、車の場合は時代の最先端を走るから、古い車は乗りにくいのだ。

息子には、「お金持ちになれ」という教育はせずに、「お金がないと困るよ」という生活スタイルを見せている。

それだけで、もう、「お金持ちになりたい」と言い出したのだから、彼は自分の好きな仕事の中から、ある程度お金を稼げる職業を選ぶと思う。

庶民は、例えばこんなことをする。

子どもに英才教育を施し、「良い大学に入ったら、出世する」と教えるのである。

これほどの愚行はない。

一流大学に入ってもロクな人間にならないことは、政治家や官僚を見れば一目瞭然で、もちろん、お金持ちになれる保証もない。それなのに、まるで保証があるかのように、子どもを騙し、学校から帰ったら塾に通わせ、土日は何かの習い事。勉強、勉強で、お金の使い方など教えない。

「これだけ勉強したらお金持ちになれる」という嘘を吐くのではなく、**「お金持ちになりたいなら、ちゃんと考えなさい」と生活の中で教えていくのだ。**

そもそも、「働いたらお金持ちになれる」が真実なのに、大半の親は、「勉強すればお金持ちになれる」とか「一流大学に入ったらお金持ちになれる」と嘘八百、吐き放題。バカには付ける薬がない。

「重要なものは何か」を考えさせる

先日、息子がDSをなくした。正確には盗まれたのだが、息子の不注意だった。高価なもので2万円くらいする。だから、「お父さんは、もう買ってあげない。自分で働いて買いなさい」と言った。しかし、ないと困って生活ができないほど重要だったようではないのか、息子はバイト（母親の手伝い）をする気配を見せない。

ほとんどの子どもはきっと、「友達が持っているから欲しい」と言って、ゲーム機をねだるはずだが、息子はなくしてしまったからあきらめたのか、それほどゲーム機にこだわらないのか、どちらにせよ、良いことだと思う。なぜなら、

自分にとって重要なものしか買わないこと。

それも私の生活スタイルだからだ。

既存の本にも徹底して書いたが、不必要なモノで部屋が埋まっている人は多い。何かのおまけとか、ジャケ買いしたCDとか。

例えば同じサイズの鞄を何個も持っている人がいるが、趣味とはいえ、もったいないと思っている。その人にとって、それが最重要なのだったら大いにけっこうだが、貧乏な人ほど、財布を何個も持っていたり、スニーカーをたくさん集めていたり、無駄なことをしている傾向が強い。

息子は小学生の低学年だが、重要なことは「女」であるはずも「ブランド物」であるはずもなく、きっとDSなどの遊び道具だと思っていたが、「なくしたから買ってほしい」とも言わないし、母親のお手伝いをしてお金を貯める気配もないから、何か別な重要なことがあるのかもしれない。それには今のところ、お金がかからないのだろう。その人にとって、重要なことがそんなにたくさんあるはずはない。

私の場合は、セックスと車だが、前述したように車にお金をかけるのはどうかな、と思うようになった。今も300万〜500万円程度の車を探している。セックスの場合、付き合う女性にある程度はお金がかかるし、それにこだわりがある。私の好みの洋服を着せたいし、プレゼントとして良いレストランで食事をさせたい。

アメックスのプラチナカードとＪＡＬカードで、１か月の請求が30万円から60万円だが、８割が女の子とのデートと車のガソリン代や高速道路の料金代である。

例えば、私にとって重要なのが車なのに、「ロードバイク（自転車）も買っておこう」という無駄遣いはしない。女性が重要なので、男にもお金は使わない。友達？友達なんか必要ない。一番、無駄なお金と時間を使うのが友達だ。

息子には、英語は習わせているが塾には行かせていないし、奔放に遊ばせている。「遊ぶのにはお金がかかる」ということも体験させないといけない。

同級生の子たちはもう塾に通っているようだ。

勉強においては、少し差がつけられるかもしれないが、息子には楽しい人生を歩んでほしい。

楽しく生きるにはお金がいる。お金を稼ぐには、「何かの」勉強をしないといけない。もちろん、その「何か」とは数式を解くことではない。**「お金の稼ぎ方」「人生を生き抜く方法」**である。

自ら、その勉強をやりだした子どもだけが成功するのだ。

ムダな努力はいい加減卒業せよ

お金儲けは、ほとんどが「運」

あなたは、何が怖いのかまったく動かずに、いつもの生活を繰り返して過ごしていないか。何もせずに、無駄な努力をしていないか。

「何もしない」という意味は、もちろん、「勝負に出ない」「賭けに出ない」ということだ。それを人は、「努力」と言うが、苦しい生活が維持できる程度の話を、「努力」と美化されても困る。あなたが毎日残業しているのにいっこうに出世しないなら、それは無駄な努力をしているということだが、サラリーマン神話のこの国では、その努力は称賛されるものだ。

「努力をすれば、必ず報われる」

よく、いろんな場面や雑誌などでも言われていると思う。

それは、才能のない人間を安心させるための嘘だ。

私は常にこんな冷たいことを言って、その才能のない人間たちから攻撃を受けるが、頭の良い悪いは見えにくいから、「俺は頭が良い。才能もある」と錯覚している人たちは当然怒る。だが、あきらかにブスの女の子に、「君は努力すれば美人になる」と言っても、違う意味で怒り出すだろう。それは目に見えて、その女の子がブスだからだが、頭の良い悪いは見えないから、怒る理由もたくさん作れる。

「俺は頭がいいけど、運がなかっただけだ」

という反論があって、とはいえ、それが真実と言える。

特に、お金儲けに関しては、ほとんどが「運」。

どこかの成功者が、「努力して成功した」と雑誌の『プレジデント』で語っていたとしても、それは、反発されないために言っているに過ぎない。

元トヨタ会長の奥田《おくだ》碩《ひろし》が、格差社会を肯定したり、吉野家の牛丼に行列を作った人たちをバカにしたりして、「トヨタは買わない」と言われたように、どこかの会社の社長が成功論を、「俺は天才だから」とか、「運が良いから。努力しても無駄」などと言っては、その会社に抗議がくるのだ。だから言わないだけだ。

無論、まったく努力しない男は話にもならないが、少し考えればわかるように、**努力が報われない会社にいて努力を続けて、なんになるのか、というわけだ。**

良いパートナーに出会えるかどうかが、運命を決める

良い会社にまず入社することで、その人の運命が決まる。

入社後は、良い上司や仕事の関係者に恵まれることが絶対に必要だが、それに恵まれないと努力しても無駄。例えば、本の編集者が担当する作家がいくら書いても売れなかったら、その編集者は評価されないが、別の編集者は、たまたま見つけてきた新人作家でベストセラーを出してしまった、ということもあって、それは完全に「運」だ。

私の場合も新人時代、三笠書房という出版社に、「うちで書かないか」と言われたのだが、たまたま書いた本が大ヒット。その本のために何か努力をしたわけではない

し、三笠書房に私が営業をしたわけでもない。その後も、三笠書房は、「里中さんの本は売れるから」と営業を頑張っているようだが、それも私の努力ではない。

当たり前の話だが、**人と言うのは、「2人で1人」で成功するのだ。**

親と子。恋人同士。夫婦。そして仕事仲間である。

1人で努力していても、無駄に過ぎない。**良いパートナーを見つけて、その相手の才能に乗じるのが成功の秘訣だ。** 1人の努力と1人の才能。または、才能と才能が融合して初めて成功するのである。ビートルズのジョン・レノンとポール・マッカートニーの出会いが代表的な例だ。

そんな、ベストパートナーと出会えるか出会えないかで、その人の成功の運は決まってしまうのだ。

では、いつまで経ってもあなたを見出してくれる人もいなければ助けてくれる人もいない、という人は、自分だけの「運」に賭けることを大いに勧める。

ただし、完全に運の世界だから、失敗しても私は責任がとれない。

株投資の話がわかりやすいと思う。

ほとんど努力は必要ない世界だ。努力するとすれば、東証が始まる朝9時に起きることくらいだろう。

よほどのバカでない限り、運があればお金を稼げる。

よほどのバカとは、第4章で触れるB層のような人間たちで、そんな頭の悪い人間を相手に私も喋《しゃべ》ってはいられない。ちなみに、こういう話を書くと中傷殺到になるのは私が中卒だからだが、将棋のプロを目指したことがある有段者で、（私を中傷するあなたよりも）頭はいいと思う。

経済の新聞や雑誌を読みながら、倒産の恐れがない信用できる会社の株を買って、あとは運次第。何しろ、「1週間、海外旅行していて日本に戻ってきたら、1000万円になっていた」という世界だから、それが努力のはずはない。

ある若い女子アナが、仕事もほとんどしないで優雅に暮らしているらしく、その理由が株で儲けたからとか、聞いていて疲れてしまう。

現実を直視しないといけない。

お金儲けなど「運」に過ぎない。

その運を勝ち取るために必要なのは、少しの才能（頭の良さ）で、努力ではない。

私は民主党の野田が、「解散する」と言った翌日から、安倍総裁の話をネットと新聞でかき集めて、太平洋セメントという会社の株を大量購入した。今の時点で、高級車に手が届くほどお金が増えているが、そんなの努力でもなんでもない。セックスをしながらでも出来ることだ。

宝くじも単なる運だが、それに賭けるしかない人生というものがある。違いますか。

私はこの本を、あなたたちを絶望させるために書いているのではない。

絶望とは逆に、努力に努力を重ねても、一銭にもならないくらいお金がなくて、ストレスで安酒を飲んで体を壊すことではないか。

「宝くじに賭けてみよう」と、ボーナスの全額をジャンボ宝くじに投入。それが外れたら、そんなものは絶望でもなんでもない。一時的なショックは、人をそれほど苦しめない。

継続する痛みや心労が人を自殺に追いやるのだ。

私はそれを痛いほど経験してきた。

だからこんな話を言っている。

努力はそんなに役に立たない、と。

私は心臓神経症という病に30年蝕《むしば》まれている。どんなに努力しても治らない。その継続されていく痛みは、「もう殺してくれないか」と呟《つぶや》くくらいに辛い。それに比べると、たまに株が暴落したり、本がまったく売れなかったりする一時的な辛さは、それほどではないのだ。

あなたが今、出世する見込みもなければ、お金もまったくないのなら、「運」に賭けてみてはどうか。無論、成功率は低い。もし、あなたがバカだったら株やＦＸでも儲けられない。

しかし、本書を手にしたのなら、あなたは何かを模索しているはずだ。バカではないのだ。

株をやれば、少しは世界情勢や経済にも詳しくなってくる。企業の名前もいっぱい覚えることができて、どこの企業がどんな仕事をしているかも知ることが出来て、知識も増える。

もし、株で失敗しても、あなたには知識という財産が残って、また何かの役に立つ。

もっとも愚かなことは、

何もしないで無駄な努力をしていることだ。

断言しても良い。

最後に、カレーのチェーン店CoCo《ココ》壱《イチ》番屋の話をしたい。Coco壱番屋は、未経験でも、「努力すれば」将来店を持つことができる。その年収は1000万円を超えると言われている。しかも、若いうちからでも独立が可能だ。その間、土日を返上して働かないといけないのだが、もちろんそれは努力。だが、私が言っているのは、「独立可能な会社に入社するかしないかが、その人の運」ということなのだ。目の前に、努力をすれば出世が出来る会社があるのに、いくら努力しても出世が不可能に近い会社に入社する。それには理由があるのだろうが、その理由もわかっている。「好きな仕事の方を選ぶ」ということだ。カレーが嫌いでは、CoCo壱番屋が目の前にあっても入社はしないだろう。

あなたの好きなことがお金に繋がらない場合、それが運命なのだ。

それはそれで仕方なくて、好きな仕事に熱中しているしかない。

私は書くことが好きだった。

本を出したら、まったく売れない作家がほとんどで、だが、一発当てると億万長者になる可能性もある仕事だった。

あなたの仕事はどうだろうか。まったく年収が増えないばかりか一発もないのでは？

それでは、夢がない。

5年に1回、ボーナスで宝くじを買いまくるとか、1年に1回、競馬のＷＩＮ5で勝負するとか、何かの株銘柄を100万円買っておくとか、何か幸運を得るチャンスを作らないといけない。

動け。

努力ではなく、才能（頭）を使って動くのだ。

1万円でも高い給料がもらえる会社に行け

理不尽な仕事は受けない。対価はきちんともらう

一昨年の秋から、私の所には執筆依頼が殺到し、6社から集中的に頼まれた。

その時に私が言ってきたのが、

「直近で書いたテーマは書きません」

というものだ。

中には、私から門前払いを食らった出版社もあった。「無名の作家でそんなに生意気なのか」と言われると思うが、書けないものは書けない。

すると、「こいつは一筋縄ではいかないな」と思うのか、違うテーマを提出してく

るものだ。

最近では、『時代に迎合しない男の極意』（フォレスト出版）で哲学的な快楽論を書かせてもらい、本書では経済とお金に関する本を書かせてもらっている。

仕事だけではない。

お金にもシビアだ。

「印税は10％」

最初の打ち合わせで、それを訊ねる。

駆け出しの新人では６か８％らしいが、私は中堅のベストセラー作家。主張は通すことにしている。もっとも、今は出版不況で、私のようにベストセラーを出している作家は10％が妥当な数字だが、他の作家さんでは新人も含めて、かなり厳しい数字になるらしい。占い師の細木《ほそき》数子《かずこ》さんは、「わたしは13％じゃないと書かないわよ」と言っていたから、もっと交渉すれば、私も12％くらいに出来るかもしれないが、「里中先生は10％ですが、新人は８％です」と言っていたので、私はそこまでは偉そうに出来ないし、何事も無理強いをしてはいけない。

皆さんもそうではないだろうか。もう、主任クラスにはなっているはずで、ある程度は言わないといけない。そうでなければ仕事に張り合いがなくなる。例えば、住友商事に勤めていたら、三菱商事の給料や待遇と比べて、交渉するくらいの感覚でいいのではないか。**あくまでも交渉であり、ケンカはいけない。**そして、**あなたの仕事が数値上、あきらかに結果を出していたら強気に出るべきだ。**

私の場合も、「本が売れている」という数字が出ているから、「印税は10％」と言えるのであり、言わないといけないのだ。しかし、こういう人もいると思う。

「会社と交渉してリストラされたらどうするのか」

あなたが数字をきちんと出していて、クビになったら、その実績を持って、他社に移ればいいのだ。1万円でも高い給料がもらえる会社に行くのが、お金を増やしていく方法だ。口を酸っぱくして言っているが、さして給料が上がらない会社での努力は徒労としか言えない。

子どもと遊ぶのは、年1回でいい

給料アップ以外の交渉では、サラリーマンが、「休みを増やしてほしい」と言うらしいが、論外と言える。

私も、「本はゆっくり書きたい」とは言ったことがない。

例えば、こんな暴言は吐かない。

「もう、お金もあるし、貴社の本は半年後でいいかな。ちょっと休みたいんだ」

本書が終わった後、小さい出版社2社から執筆依頼を受けているが、頑張って書くつもりでいる。

私の場合は、持病が深刻だから、そのために長期間休養する予定はあるが、「子どもと遊ぶ時間が欲しい」とか「旅行に行きたいから休みたい」とか、堕落した感覚はない。堕落と言われて激昂《げきこう》する人もいると思うが、別項に出てくるCoCo壱番屋の宗次《むねつぐ》さんも、休みなどまったく取らず、仕事に邁進していた。「それが楽しい人生なのか」と思われるわけだが、楽しいのは成功することとお金がいっぱい入ってくることで、欧州旅行をすることは楽しくても、たんなる思い出作りである。消費はしているがお金にはなっていない。その経験が仕事に生きるならいいが、ましてや「子どもと遊びたい」なんて、仕事とは何の関係もない。子どもの方も友達と遊びたいのが本音で、親との思い出は年に1回の旅行でいいのだ。

「私の会社は平日が休みだから、子どもが家にいる土日に遊べない。なんとかして土日に休みがもらえるよう会社に交渉している」

こんなにウザい社員はいないと思う。

お金に関しては、労働した分の対価をきっちりともらえるように交渉しないといけない。一度、お金で苦労すると、1万円がどんなに大切かわかるものだ。ただし、あまりにもせこくなると信頼を失う。私の場合、打ち合わせ場所まで車で行くのだが、首都高の料金と駐車場代を出版社に申請しない。毎回、3000円くらいかかるが、それくらい自腹にしないと、「里中って奴は細かいな」と思われてしまい、男としての器を疑われてしまう。

しかし、会社がもつべき3000円を自腹で切った後は、きっちりと1万円分の残業をして取り返すのだ。それが、お金が減っていかない方法である。

できない仕事をやるのではなく、できる仕事をやり遂げろ

若いうちは、「できないかもしれない仕事も引き受けて、やってみる」ことが大事

だ。やってみなければわからず、才能が開花し、できるかもしれないからだ。

しかし、**30歳を過ぎたら、「できない仕事はできない」と言わないといけない。できる仕事を徹底的にやり遂げて、評価をもらい、その対価を要求するのである。**

こうして、お金を稼ぐ話に終始すると、

「給料は増えても心は豊かにならない。やりがいのある仕事が大事で、そのために貧乏になっても構わない」

という意見がくるのである。

それは給料のレベルが低い場所での話だ。

30万円の給料を出す会社でやりがいがなく、自ら仲間と会社を立ち上げて、やりがいのある仕事をしている。しかし、給料は20万円くらいになってしまった。という世界だ。

給料60万円の男が、やりがいを求めて、給料25万円の世界に飛び込んだら、急な減収に唖然《あぜん》とするばかりだと思う。

編集者に、「里中さんに好きなことを書いていただきます。ただし、印税は5%でお願いします」と言われたとして、確かに好きなことを書くのは楽しいが、それが売れてもお金が少ししか入ってこないなんて、自慰をしたようなものだ。

自己満足ほどお金にならないものはないのである。

やりがいのある仕事で、給料やボーナスを多くもらえる「交渉」をする。

自信があればリストラされても問題はない。

成功する男は、いくつになっても燃えている

80歳になって、話せる相手がいるか？

70歳くらいのお年寄りが脱税をしたとか、お金に関する犯罪を起こしたら、「老い先短いのにすごいな」と、逆に感心する。恐らく、「俺は100歳まで生きる」と思っているくらい健康なのだろう。石原慎太郎《いしはらしんたろう》のように、80歳で国政に復帰するなんて、どれだけ健康で、いったいどんな野心、夢があるのかと驚きを隠せない。

私は今、47歳だが実は不健康だから、今から何かを習って新しい仕事を始める気力はない。とはいえ、まったく何もしないわけではなく、40歳を過ぎてからは株投資に力を入れるようになって、けっこう勉強したものだ。心臓神経症という奇病が一発で

治る新薬でも出来たら、新しく小説を書いたりする可能性もあるが、今は現状維持だ。控えめに言っているが、そんな私でもお金に関する目標があるし、岩波文庫をまだ読める向上心を持っている。

男が、ずっと向上心を持ち続けるために必要なことは、

・健康であること。
・話せる人がいること。
・ローンなどが残っていること。

健康に関しては、食事さえ気を付けていたら大丈夫だが、私がよく勧めている筋トレは、セックスなどを重視していなければしなくてもいいだろう。筋トレの翌日の筋肉痛は、仕事の能率を下げる。40歳を過ぎたら、たまに、ランニングをするくらいがベストだと思う。私の場合は暴走族やヤクザ社長に殺されそうになったことがあるから筋トレを続けていて、またセックスが大好きで、衰えるのを恐れているのも、筋トレをしている理由である。日本は治安が最高に良いので、町でいきなり殴られることを人生で一回も経験しない人もいるわけで、無理に強くなる必要はないと思っている。

繰り返すが、食事に関しては、「そんなの食い物じゃないだろ」というのを食べなければいいのだ。

話せる人がいない老人は、どんどんボケていく。それは若い時期も同じで、あなたが仮に40歳だったとして、政治の話をできる相手がいなければ、政治の勉強はしなくなってしまうだろう。私には20歳くらいのガールフレンドが何人かいるから、若い子たちが何を考えているか勉強できている。だが、私の父親は田舎でひっそりと暮らしている。80歳だが、若い子たちのことなど知らないだろう。当たり前の話だが、それが、「知識が増えない」ということだ。どこかの年齢か時代で思考が停止してしまった状態と言える。私にもいずれ、そういう年齢がくるかもしれないが、なるべく都会にいて、若者と接していたい。

今の生活に危機感を持て

さて、ここからが本題だ。

本書では、「あえて買い物をするように」と説いたり、わりと危険なことを語っている。「里中のせいで破産した」と抗議がきたらどうしようかと心配になっているほどだ。

しかし、私の友達のサラリーマンで、ちゃんと成功している男たちは、例外なく住宅ローンの残ったマンションか一戸建ての自宅を持っている。年齢的には40歳から50歳だが、同じくらいの年齢で、賃貸アパートやマンション暮らしの男たちと比べて、向上心がある。

「住宅ローンを一括で返したい」

と燃えるような目つきで言うし、お金の勉強もしている。新しい仕事を始めた男もいた。

一方、私の知り合いで、賃貸で暮らしている男たちは、これも例外なく、

趣味に遊んでいる。

こっそり預金などをしていたらいいのだが、私のように株で儲けた話も聞かない。

「週末に死ぬほど飲むために、ランニングをしている。ビールを飲むことが生きがい」

と言った男は、アパート暮らしだった。趣味がランニングなのが悪いとは言わないが、どうして、

「アパート暮らしから脱出するために、死ぬほど勉強している」

という展開にならないのか。それは**今の生活に危機感がないからだ。**奥さんも働いていて、2人合わせると月に40万円くらいになって、アパートの賃貸料は6万円だとしたら、けっこうな生活ができる。車ももちろん持っていなくて、二重ローンのプレッシャーにも苛まれない。**人は、苦労しないと向上しないのだ。**しかも、**妻が働いているると、男は本当に堕落する。**「お父さんの給料よりも、お母さんの方が稼いでいる」という知り合いの女性の家は、父親の存在が希薄で、娘はセックスし放題。娘が不特定多数の男とセックスしているのは、父親が機能していない証拠で、父親が家庭で機能するには、お金を持たないといけないのだ。

私自身、最初のベストセラーが出た時に、まだ妻は退職していなくて、毎月、何百万円と入ってきて、使いまくってしまった。ところが、妻が「もう仕事しない」と言って、退職。プレッシャーがすべて私にかかって、それ以来、株や税金の勉強、新しい本を書くための勉強、政治経済の勉強などをして、筋トレも欠かさずするようになった。趣味と化していた写真も辞めた。

「それが楽しい人生なのか」

と、よく言われるが、自分の城を持つのは楽しいし、お金を持って強くなることは快楽だ。知識を増やして語ることができれば、子どもが持つ世の中の疑問に答えることも簡単だ。不特定多数の男とセックスしている女を、私の力で、私とだけセックスするようにさせることも可能だ。そんな、「強くなる人生」「頭が良くなる人生」は、趣味に遊ぶ人生よりもはるかに快楽で、皆さんはきっと勘違いをしていると思う。日々、平凡に生きながら趣味に遊んで、楽をする生活が楽しいと思っている。それよりも、サラリーマンであれば、住宅ローンを一括で返済したとか、投資の勉強をして成功したとか、

「新しい仕事を始めるために学生に戻った気分だ」
という高揚した気持ちの方がずっとずっと楽しいのだ。

そのためにやるべきことは、**健康を維持することだ。**それに尽きる。
石原慎太郎が、衆議院選挙に出る前に、「健康診断をして医師からＯＫが出たら」と言っていた。

私もこの持病を治したい。

今、こうして原稿を書いている時も、不整脈なのではないか、というくらい心臓の鼓動が気持ち悪い。しかし、薬がある程度効けば、筋トレもできるし、私は決してこの病気で泣いたことはない。

週末にビールを浴びるほど飲むのが楽しみ？　くだらん。ビールなら、毎日飲めばよい。

出世に友達はいらない

趣味を持たず、友達も作らず、飲み屋にも行かない

先に言っておくが、「友達」とは、学生時代からずっと慣れ合っている人や、会社で出会った飲み友達、ゴルフ仲間のことだ。

例えば、資産家の男がお金を増やすために、同業者や同じく資産家の男から情報を収集して、さらに投資などでお金を増やすという形があったとしよう。しかし、それは友達と情報交換をしているわけではなく、何かの「仲間」でしょう。YUCASE（ゆかし）倶楽部がそうなのでは？

しかも、彼らはサラリーマンではない。

特殊な世界では特殊な世界なりに、奇妙な友達はいるものだ。だけど、サラリーマンは特殊な才能が集まったわけではないから、友達は不要なんだ、と繰り返し、私は言っている。

別項でも少し書いたカレーのCoCo壱番屋の創業者の宗次徳二《むねつぐとくじ》さんは、「友達はいらない」という話で、以下のことを語っている。

私は現役時代、趣味も持たず、友人もつくりませんでした。飲み屋に行ったこともありません。仕事の邪魔になることは、何ひとつやりませんでした。年間5640時間（1日15時間半を365日）働くこともありました。そうやって率先垂範しないと、部下は働いてくれないと思ったからです。（【名言DB】宗次徳二の名言より）

宗次徳二さんも、サラリーマンみたいなものだ。その宗次さんが1日15時間半働いている間に、他のサラリーマンは何をしていたのだろうか。

もし、あなたが出世したければ、友達なんかばっさりと切っていかないといけない。それとも、自分が死んだ時に葬式に来てくれる友達の数が気になりますか。気になるなら、葬儀は親族だけにしてほしいと、遺言を書いておけばよい。

宗次さんの、「趣味を持たず、友人も作らず、飲み屋にも行かない」とは、私が既存の本で言ってきた話で、私自身が実践し、そしてここまで来たのとまったく同じ。たまたま、本書を書くために、CoCo壱番屋を調べていて見つけた文献だが、思わず手を叩いてしまった。本当に、「成功する人は皆、同じなんだよ」と言いたい。

私は友達なんかいない。

仕事で信頼する人がいるだけで、それは友達ではないから、友達がいないと言っているのだ。ましてや、「里中、飲みに行こうぜ」なんて年に1回くらいしかないのである。

私に必要な情報は、信頼する出版社の編集者が教えてくれる。それが私にとってはお金になっていくわけだ。

今年、若い頃の友達から年賀状が届いていて、「久しぶりに会いましょう」と書いてあったが、私は返事を出していない。会えないわけではないが、会う時間はない。優先順位があって、1、仕事、2、家族、3、女。その次が友達になる。

しかし、無能なサラリーマンは違う。1は友達との飲みでしょう?

「付き合いも仕事のうちだ！」

と言って酔っぱらって帰ってくるのがサラリーマンでしょう。

今はそんな時代じゃない？

そうかな。

新橋なんか飲んだくれたサラリーマンだらけだが。

飲むことも含めて、趣味に興じている奴なんか、成功者になれるはずもなく、なのに、世間は、「趣味はなんですか」の大合唱で、それが恋愛のきっかけにもなっている。くだらないとしか言えない。

サラリーマンの友達など、「飲みに行こうぜ」「ゴルフに行こうぜ」という世界でしかない。その長い無駄な時間の間に、部屋でじっくりと読書や仕事をしている男と、10年も経てば、面白いくらいに差が出るだろう。

近年では、ＳＮＳに力を入れている人も大勢いる。

ブログに必死に何かを書き、フェイスブック、ミクシィ、ツイッターに毎日書き込みをして、友達作りに精を出している。それで成功するのだと思っている若者も多い。

甘い。

そんなに容易く、労働もせずに成功できるなら、誰も苦労しない。

本当に甘い。

芸能人がツイッターやブログを毎日更新していても、それは違う世界なんだとわからないといけない。すでに成功している芸能人がツイッターを始めたところで、仕事に支障はきたさない。だが、何も成功していないあなたが、毎日ツイッターに熱中していて、それが何になるというのだ。

正直、私のこんな啓蒙は食傷《しょくしょう》気味《ぎみ》だと思う。

何回言ってもわからないのだから仕方ないが、追い詰められたことはないのだろうか。

たった一度の人生なのに、平凡以下の烙印《らくいん》を押され、妻にはバカにされ、子どもには尊敬されず、お金はなくて、回転寿司屋に行くしかない。

そこで、「死ぬ気でやらなければならない」と思う男と、思わない男で差がぐんと広がっていくのだが、ほとんどの男が、「死ぬ気でやろう」と思わないから、回転寿司屋も繁盛の極みだと思っている。

友達を捨てて、仕事をせよ

私は最近、女の子からの告白やお誘いを断り続けている。皆、20歳くらいの美女である。

何しろ、忙しいのに相手が遠方だったり、時間に制約があったりして会えないのだ。ましてや、近所に住んでいるパパ友なんか、後回しの後回し。ちょっと風邪気味で、執筆が進まない時に会えばいいのだ。ママ友同士の付き合いが悪いと、子ども同士の付き合いに影響が出るようだが、パパ同士の付き合いなど、なんら影響は出ない。なぜなら、ママ同士は時間が大事で頻繁に会わなくてはならず、例えばそれが公園でのお喋りも含まれるが、パパ同士はたんに繋がっていればいいだけなのだ。ごくたまに会えば、それだけでよく、月に何回も飲みにいく関係にすることはない。

そうして、女遊びもせず、友達と飲みにも行かずに、仕事を1日、10時間以上している時もある。私の場合は、株の売買と合わせて、かなりお金を稼ぐのに時間を使っている。

「そんなにお金が欲しいのか。醜いぞ」

と思う男には、

「貧乏では誰も救えない」

と言い返しておく。

私はガールフレンドの病気の手術代を出したことがある。もし、私が手術代を出さなかったら、彼女は借金をしたか、今頃は痛みで発狂しているだろう。それを私が助けた。

一介のサラリーマンだったら助けられなかった。本当に、友達も趣味も捨てて頑張ってきて良かった、と安堵している。


あなたは弱い。

お金がないからだ。

強くなることは、とてつもない快楽だ。

誰かを助けられるのだ。

自己満足でもいいではないか。助けてもらった方は、心底、ありがたいのだ。

あなたにはそれが出来ない。
なぜなら、友達と飲みに行って、お金を使ってしまっているから。
趣味に没頭して、勉強もしていないから。

私のこの話にムカついたと思う。しかし、あまりにも状況が変わらないからまた書くのだが、黄文雄《こうぶんゆう》がいくら、「日本は中国を侵略していない」と、親日、反中の本をベストセラーにしても、中国に謝罪する癖が直らないのと同じ。私がいくら、「サラリーマンに友達は不要」と書いても、反発されて、新橋では働き盛りの男が終電まで飲んでいる。

そう、私も、「友達を捨てて、仕事をしろ」という話は反発が多いから、本当は書きたくないのである。

【第4章】

一流の男のお金の使い方

贈り物への出費をケチるな

お歳暮・お中元ほど良い使い道はない

「お歳暮、お中元って無駄だと思うし、面倒臭い」

と言っている人は多い。もちろん、若者なのだろうが、お歳暮・お中元は、こんなに良いアイデアはないというくらい、経済に貢献している慣習だ。年末、各家庭から一斉にお世話になった人たちへお歳暮が贈られることで、どれくらいお金を使っているか。素晴らしいことだ。

私のところには毎年、出版社とファンから、たくさんのお歳暮が届く。お中元、お歳暮の時期はビールやお酒には困らない。地方の名産物などの食べ物も届くから、

「餓死しなくてすむ」というくらいだ。ファンの人たち全員に贈り返していたら破産してしまうから、親しいファンにはメールでお礼を言って、出版社にはお歳暮を返している。昔、お世話になった人たちは他界してしまっているので、今の私はお中元、お歳暮は出版社に贈ることしかしていない。しかし、妻は勤めていた会社の上司とまだ付き合いがあるようで、せっせとお中元やお歳暮を贈っているようだ。私のカードで。

私は、女の子へのプレゼントも欠かさない。
その女の子が彼女ではなくても、ある程度好意を持っていたら、誕生日とクリスマスにプレゼントをするし、お茶でもしたら、ついでに洋服を買ってあげることもある。男だから「ひょっとするとこの先、抱かせてもらえるかもしれない」という下心があるのも否定しないが、別項でも述べた通り、私は国に対してお節介な男で、「こうしてお金を使うことによって、経済に貢献したい」と思っているのである。無論、仲良くない女の子にプレゼントなどしなくてもいいが、ある程度好きな女性にプレゼントをすることが、私は楽しい。

中でも私はある三姉妹と仲が良い。長女が私の彼女のような女の子で、下の妹2人も私のファン（?）。誕生日が3回、クリスマスが3回、合計6回プレゼントをあげている。特に三女は、中学生の頃から仲良しで、携帯、デジカメ、財布とかなりプレゼントしている。20歳になったので、そろそろ体で返してもらいたい、という冗談を書くと、話を捻《ね》じ曲げられてネットの掲示板に書かれるから、最近は本でジョークも書けなくなった。妻も合わせると8回。父親と母親の父の日、母の日と誕生日を合わせると12回。息子の誕生日とクリスマスも合わせると……。もういいか。

幸い、私の友達の結婚のピークは過ぎたので、今のところは年中行事のお祝いだけですんでいる。すんでいると言っても、月1回以上のペースで誰かに何か贈っているのだ。こんなにお金がかかる慣習はなく、ひょっとするとあなたは、「誕生日は祝わなくていいだろ」と、彼女に言っているかもしれない。誕生日に対する価値観はどうかと思うが、プレゼントや贈り物をしなければいけない記念日が多すぎる国なのも確かで、仕方ない部分もある。私も正直、クリスマスはあまり好きではないが（浮かれ過ぎるし、日本中のホテルでセックスしているのが気持ち悪い）、誕生日は非常に重視したいので、親しい女性の誕生日はそれなりにお金を使う。妻はバーバリーが好きで、ハンドバッグを何個か持っているが、今年、また1個、買ってあげた。三姉妹の長女には、不動産をプレゼントした。でかい話でしょう。ただ、彼女の名義では購入できなかったから、私の名義で購入した。いずれは彼女のものになるようにしたいが、別れないのなら私の資産として持っておくことも考えていて、彼女はそこでずっと住んでいればいいのである。愛人？　違いますよ。

もし、彼女の妹たちがずっと結婚せずに貧乏だったら、安めのマンションをプレゼントしてもいいと思っている。そのために働く。私は女の子にプレゼントをするのが異常に好きなのだ。

私のこの話にムカっとした読者もいると思う。お金持ちを批判する人は多いが、例えば、銀座で遊んでいる老人のお金持ちが、店の女の子に車を買ってあげたりする光景は都内のディーラーでも見られる。「バカじゃないのか」「お金の無駄遣いをしている」と思うのが、考えなしで、繰り返ししつこいが、それが経済にどれくらい貢献しているバカ」なことなのかわかってほしいのだ。バカでも偉いんだ。最近の、「車なんか必要ない」という若者たちと比べたら、女の子に車をプレゼントしている老人は、(日本経済に対して)神様仏様。車拒否の若者の方は役立たずの幼稚園児である。

もちろん、高級車が一台でも売れたらクビが繋がる営業マンから見たら、本当に神様仏様だ。あなたは、そんなふうに、誰かを救った買い物をしたことがありますかね。

恋人や妻にkissするよりも、誰かに贈り物をせよ

買い物の話とは違うが、私がある出版社から出した本がベストセラーになった時に、「今年は先生のおかげで社員一同食っていけました」

という嬉しいジョークを言ってくれた。

人は、誰かの生活や仕事を助けて、少しでも彼、彼女らが仕事を続けられるように、何かを与えないといけないのだ。共存なんだ。

あなたがもし、自分だけの「満足」に終始し、与えることを拒否し続けていたら、あなたはそのうちに孤独になってしまうだろう。

前述した中学生の頃の彼女は、家も貧乏だったから、私に携帯を買ってもらっても何かを買って返すことが出来なかった。その代わりに、バレンタインデーにクッキー

を焼いてくれたものだ。

第2章で、「弱者」は嫌いだと私は書いた。

しかし、**清貧に生きている人は、与えられたら、きちんとお返しをする。**

しかし、もしあなたが何も与えない、返さないをしている男だとしたら、あなたは清貧な心を持った人間ではなく、ただの貧乏性のひどい奴ということになる。

もともと、我々は親に何かを与えられて生きてきた。中には不幸にも、親に虐待などをされてしまった人もいるが、ここでは一般論として、親には大事にされてきたとしたい。

その親に受けた愛情を誰かに分け与えないといけない。

親からの愛情の中には、モノもあったはずだ。抱き締めてもらっただけでなく、物品ももらった。子どもへのプレゼントも親から受け継がれた道徳的な慣習である。

人に何かをプレゼントすることや贈り物をすることは、恋人にkissをすることよりも重要だ。むしろ、恋人にkissをしただけでは、2人が満足するだけだが、誰かにプレゼントを贈れば、2人だけではなく、そのプレゼントを売った会社は歓び、消費税をもらった国も歓ぶ。一番良いのは、恋人にkissをした上で、その恋人にプレゼントをすることだろうか。

女性読者は少ないと思うが、男の人から何かをプレゼントされたら、その半額以下のモノでいいからお返しをしなさい。お金がない場合、あなたが大人だったら体で。愛がないセックスでもそれは決して汚れた行為ではない。すべてのセックスには何か理由（わけ）と意味があり、汚れきったセックスはない。

まだ大人じゃなかったら、何か手作りの食べ物をお返ししなさい。マフラーを編むくらい、出来ないといけない。

あなたはいつになったら目覚めるのか

Ｂ層の飯と一流の食事の違いとは

あなたは食事に関して「Ｂ層」ではないだろうか。

Ｂ層とは、自己がなく、周囲に流されやすく、付和雷同が好きで、まあ、ＩＱが低い人たちのことを言うのだが、今の日本は、食事に関してはこのＢ層が支配していて、Ｂ層をターゲットにしないと業界は生き残れないとさえ言われている。

例えば、お寿司ほど日本人にとって重要な食文化はない。

寿司職人が握った美しく繊細な寿司を食べ、「やっと俺も大人になったか」と感無量になるのが寿司屋ではなかったか。

ところが今は回転寿司が町中にあって、そこにはB層と呼ばれている人たちが行列を作っている。安いから行っているのではなく、**何も考えていないのだ。**

とにかく不味い。化学調味料がたっぷり入った寿司を、これでもかというくらい腹いっぱい食べて、ミニバン（ミニバンを買うのもB層）に乗って満足。後部座席の子どもたちにはシートベルトを着けさせず、遊ばせておくという光景がどこの町でも見られる。

かつて人間がここまでバカになったことが歴史上あるだろうかと言いたい。何しろ、毒を食べて大満足である。

B層はテレビから流れる、「キーワード」に夢中になって、なんの疑問も持たずに、そのキーワードに「参加」することを目的としている厄介な人たちだ。選挙においては参加しないでくれたら、国はまともになるのに、参加するから民主党も生き残ってしまった。

「安倍ってお腹痛くなっちゃったひとでしょー。いやよねー。投票したくないわー」と、どこかのワイドショーが言った、「お腹痛くなっちゃったひと」を職場でさかんに連呼して喋っているおばさんも、B層の代表格。B層じゃない人たちは、安倍晋三総理がどんな病気だったか調べるか、職場では黙って仕事をしている。

もちろん、私の悪口をアマゾンに書いている連中もB層。共通点は、ネットでも店でもイベントでもいいから参加したがることで、バカはバカなりに大人しくしていてもらいたいものだ。

一流は、一流が集まる場所で食事をする

さて、食事の話に戻るが、ある超お金持ちが、昼食は自家用ジェット機で長野県まで飛んで、美味しい蕎麦《そば》を食べてくる様子をテレビで流していた。それが一流の生活らしい。そんな、絶頂期の小室哲哉《こむろてつや》のような生活を一流と言われると、私くらいの男たちが、近所の蕎麦屋で昼食を食べていることは二流にされてしまうが、そんなことはない。あなたもB層のような食事をしていなければ、立派な一流である。私の近所の蕎麦屋は十割蕎麦《じゅうわりそば》が美味しい店で、私が見つけてきた店だ。同じ埼玉の大宮には、行列ができる有名なうどん店があって、そこはテレビで幾度となく紹介されたB層のたまり場。いくら、料理が上手くても、客がB層では行くことはできない。私にB層

の病気が伝染してしまう。そう、**一流とは何かと言うと、一流の場所にいる人のことを言うのだ。**私が昔から、マクドナルドや牛丼店を軽視した話を書いて批判を受けているが、その頃にはB層という言葉は流行っていなかった。私が軽蔑していたのは、まさにB層のことだ。マクドナルドのように常にテレビでキーワードを発信して、IQの低い人たちの琴線を刺激している店はもちろん論外で、一流になりたい男が行く場所ではない。もっとも、私が好きな高級ホテルだって、華々しくオープンした時はB層が集まるものだ。

つまり、大金持ちが自家用ジェット機でどこかに食事に行っても、そこが、B層が集まるような場所では一流とは言えないわけだ。もちろん、テレビに出てきたこの人はそうではないと思うが。例えば、六本木ヒルズ族という言葉が流行った時期に、IT関連の若手社長らが六本木ヒルズに集結したが、果たして一流だったと思いますか。堀江貴文《ほりえたかふみ》も今はいなく、グッドウィルの折口雅博《おりぐちまさひろ》もおらず、村上ファンドの村上世彰《むらかみよしあき》や競馬ファンに有名だった関口房朗《せきぐちふさろう》も破産した。六本木ヒルズともなると、有名レストランが入っていたと思うし、ミッドタウンも近いから、リッツカールトンにも行ける距離。しかし、それがそのお金持ちのこだわりだったら見事なものだが、B層的にそこに集まっただけなら、それほど優秀な話ではない。

あなたはただ、自分が見つけてきた質素な店で、きちんとした食材の昼食を食べればいいだけなのだ。しかし、それができる人間は嘆かわしいくらいに少ないと言っても暴言ではない。

会社の昼食は、近所の回転寿司屋、牛丼店。または、都内で仕事をしていたら、テレビで紹介された店に並んで、「この料金で、このボリュームなんて最高です」なんて言っている。そのセリフは、テレビでタレントが言ったセリフと一緒なのだ。

食事とファッションには知性を使え

私が会う人、会う人に言っている言葉だ。

人間が進化してきた証が食事とファッションなのだ。細かく言うと、それと車である。

会社の昼食（ランチ）に知性を使うとなると、お弁当を作るか、良い店を探すか、それしかない。

あなたの年収が500万円前後だとして、どうしても食費を削りたいからと、でかいハンバーグランチを昼食に食べていたら、絶対に午後の仕事は集中して出来ない。**老舗の蕎麦屋で手打ち蕎麦を食べたら1000円だとして、それを高いと思うことがあなたの成功を妨げている。**化学調味料がたっぷり入った激安料理店で食事をしていると、頭を悪くすれば仕事の能率も下がる。このような話をすると、「激安料理を食べ続けている人たちがバカになったという臨床データを出せ」と、私のところには苦情が来るのだが、激安の焼き肉で死んだ人もいるのに、そんなデータは不要ではないか。

私がお茶の水で会社勤めをしていたのは25歳くらいの時だが、路地裏に老夫婦が経営している定食屋があって、そこに気の合う仲間と行っていた。秋刀魚《さんま》定食などを毎日食べていたのだが、後から入社してきた男たちは会社の下にあった吉野家や回転寿司屋に通っていたものだ。付き合いで回転寿司に行ったことが何回かあるが、私は3皿くらいしか食べず、15皿くらい食べる彼らに、「もっと、食べないと太らないぞ。がはは」と笑われたものだ。当時、吉野家はピーク。回転寿司も流行っていた。彼らは、B層だったのだろう。

牛丼が今、いくらなのか知らないが、黒毛和牛が高いとしても三元豚がそんなに高いわけではなく、しかしとても美味しいので、豚の焼き肉定食の弁当なら簡単に作れる。安くて良質な食べ物はたくさんあるが、成功とは縁遠い場所にいる人たちは、安くて悪い食べ物に群がるのを好んでいる。その理由は、「そこに人が集まっているから」。それだけだ。何も考えていない日本人が、今、何百万人といて、その人たちが質素に自分の食事や趣味を楽しんでいる人たちを攻撃している。

「B層にならないなんて、バカだよ」

と。

あなたはいつになったら、目が覚めるのか。

少しくらい無理をした方が、お金は生まれる

私が高級ホテルにわざわざ足を運ぶ理由

先日、新宿にあるハイアットリージェンシー東京に宿泊し、プールを利用した。コンラッド東京やパークハイアット東京と比べると、少しランクは下がるが、まずまずの高級感だった。セレブっぽいおばさんが多かったが、一人、プールサイドに男性が寝ていた。読書をしていて、その本は何かの資格を取るための本だった。ちょっと遠くて見えなかったが、「資格」「試験」という文字が見えた。

他の高級ホテルに行っても、スパの中で、優雅に英字雑誌を読んでいるビジネスマンが多い。その日は休暇なのだろう。休みながら、勉強をする。なんと高いレベルだ

ろうかと思う。こんな光景は、豊島園、よみうりランドでは見られない。もちろん、都心のプールは女の子の水着が満開で、休みに行くには良いと思う。私も好きだ。だが、私は物書きとして成功するまでは、豊島園にも行かなかった。読者の人たちが思っているよりもストイックな生活をしていたものだ。もちろん、今は、ある程度成功したから、豊島園のプールにも行くようになったが、それでも、まだ、南の島で長期休暇というわけにはいかない。

「成功を収めた後は、無駄なモノを持って南の島に行きなさい」

と私は言っているが、成功を目指す半ばでは、まだそんな遊びにとり憑かれてはいけない。私もそうで、女遊びをする時も一泊で、と決めている。

それにしても、高級なホテルやスパなどに行くと、成功者に対して嫉妬に狂った貧乏人やB層と言われる頭の悪い人間がいないからほっとする。そして、「二極化されているなあ」と失笑してしまう。頭の悪い人間はとことん頭が悪く、通勤電車の中で大人になっても漫画雑誌を読んでいて、仕事のなさそうな30歳くらいの男がＤＳで遊んでいる。子どもにポテトチップスの袋を持たせて、それをバリバリ食べていたおばさんを目撃した時には、電車に乗るのが嫌になった。しかも、旦那が隣に座っていて注意もしないのだ。

頭の悪い男は、頭の良い女から選ばれないから、生まれてくる子どももバカで、頭の悪い親子3人の出来あがりになってしまう。しかも、彼らは子どもをたくさん生み、イチロー選手や競馬の武豊《たけゆたか》騎手のような天才は子どもを作らないから、バカが増殖していく。

日本人がノーベル賞やフィールズ賞を取りまくっていることを考えると、少子化対策と同様に、天才とバカの二極化対策も考えないといけなくなってきたと思われる。

あなたはきっとサラリーマンで、通勤電車に乗らないといけないのだろう。

だが、あれほど人を劣化させる場所はない。

間違いなく、バカは伝染するし、頭の良い人のストレスになる。

新幹線に乗っても、よくわかることがある。スマホをいじっている男はゲームをしていて、タブレットを見ている人は仕事をしている。やはり、自由席ではゲーム機で遊んでいる男が多く、グリーン車では、それは滅多に見かけない。

あなたが少しでもお金を稼ぎたいと思っているなら、逆に、少しお金のかかる場所に行かないといけない。本書の別項でも、そのことには触れているが、少し無理をした方がお金は入るようになるのだ。**新幹線はグリーン車に乗ること。**雑誌が置いてあって、中身も濃い。ＪＲ東海は『ＷＥＤＧＥ《ウェッジ》』という雑誌で、私が乗ったときには、アメリカの「シェール革命」の話、尖閣が日本領土だという歴史的・法的な根拠を書いた話などが掲載されていて、『ヒットメーカーの舞台裏』というビジネスマン向けの連載もある。グリーン車の料金が５０００円だとして、その雑誌１冊で１０００円弱を返金してもらったと思えばよく、良い場所や高級な場所に行くことは、決して贅沢をしているのではない。ちょっと高い勉強料を払っているだけなのだ。しかも、キャッシュバックのようなものが必ずある。

お金が必要な場所に、頭の良い人間が集まる

また、**人は、目立たないと輝かない。**

ポテトチップスを貪《むさぼ》り食っているおばさんが悪い意味で目立っていて、どんどん人

間として劣化していくのに対して、美しい女は目立つことによってどんどん華やかになっていく。男も同じだ。あなたもそれを目指すのだ。

靴はきちんとしたブランド物にしないといけない。スーツも2年くらいは着られるのだから、お金をかけないとダメだ。私はネクタイをバーバリー、ルイ・ヴィトン、ブルガリの3種類、10本くらい持っているが、それを最初に買っておけば、5年以上は使いまわしができる。お金がもったいないことはなく、逆に高級なネクタイで信頼を得られる。5年以内に、安いネクタイを何本も買っていても、けっこうな値段になるが、それには気づかないのだろうか。

そうして、成金趣味にならない程度に、良い物を身に着けていれば、電車の中でも輝いてくる。無論、読み物はちゃんとした本。司馬《しば》遼《りょう》太郎《たろう》や三島《みしま》由紀夫《ゆきお》を読み返すのも悪くない。大ヒットしている漫画本を読んでいても、勉強にならない。私は『北《ほく》斗《と》の拳《けん》』が最後の漫画だったが、面白いが別に勉強にはならなかった。

早朝に起きて、満員電車を避けていた人たちが、私の知り合いにいたが、やはり勉強道具を持っていたものだ（当時、タブレットはなかった）。そして、定時ぴったりに会社に駆け込んでくる男は、デブで肩にはフケが付いている男だったものだ。

どこの世界でも、お金が多く必要な場所には、頭の良い人間が集まり、お金が少なくてすむ場所や安くてすむ場所には、頭の悪い人間が集まる。

競馬場の指定席と無料の席。

東京ドームのアリーナと外野席。

新幹線のグリーン車と自由席。

飛行機のビジネスクラスとエコノミークラス。

高級ホテルとラブホ。

家に例えると**「積善《せきぜん》の家には必ず余慶《よけい》有り」**というわけだ。高級な場所に出向き、勉強を重ねることによって、あなたの将来は明るくなるだろう。

月1回は贅沢な食事をせよ

周囲に流されるな。自分自身のために行動せよ

本書は、あなたがお金を使って、経済を活性化させ、あなたの給料を上げていくという壮大なテーマを書いている本である。

あなた一人がお金を使っても、私がお金を使っても、日本経済は復活しない。周りの人にもそれを勧めないとダメだ。そして今から言う、「もっと贅沢な食事をしなさい」という話を周りの友達、知人、会社の仲間に言ってほしい。もしあなたが嫌われた場合、その場所は民度の低い人たちが集まっている証拠になる。そのため、そこから撤退するのがベストだと断言する。

　私の友達で、神奈川県の郊外で働いている男がいる。選挙区は小泉進次郎圧勝の地区だ。ところが、その友達の会社は、「俺、わりと野田さんが好きなんだよ」「自民党は石破の顔が嫌いだから入れない」という考えなしの人たちばかりで、自民党が圧勝した後にも、「自民党は支持されてないぜ」と、友達に嫌味を言ってくる男もいる会社である。ネット用語で言うと、B層やらDQN《ドキュン》が集まっていると言うわけだ。友達は、「成功したい」と思っているが、事情があってその会社を退職できず、ずっともがいている。せめて周囲の人間が優秀だったら、彼もそれに追随できると思うのだが、あなたも同じで、人は周囲の環境に非常に左右されやすい。親が脳なしだったら、子どもも大半がバカに育つ。学校が低レベルだったら、卒業後、優秀な人と付き合わないとその人は頭の悪いままだ。私はそのことに中学生の時気付き、野蛮で差別主義だった学校に行くのを拒否したものだ。結果、高校を中退してしまうことになるが、今、こうしてそこそこ成功を収めている。

　ちなみに、父は有名大学を出ている優秀な人だが、『毎日新聞』をずっと購読している左寄りの人で、自民党が大嫌い。3年前の選挙ではドヤ顔で民主党に投票していた。息子の私は20歳を過ぎて一人暮らしを始めてから猛勉強。毎日、書店と図書館に行っていた。父に習って『毎日新聞』を読んでいたが、偏向的であると気付き、『読売新聞』に替え、その後、『産経新聞』に替えた。28歳くらいの時に、「初詣に行きたい」という彼女を靖国神社に連れて行き、遊就館《ゆうしゅうかん》に引っ張り込んで泣かせた札付きのワルである。というのは冗談で、彼女が泣いたのはもちろん戦争の哀しみで。私が靖国神社に行くようになったのは自分の意志と勉強の賜《たまもの》で、決して左翼教育には流されなかった。何が正しいのか論じると、左翼主義にも正論はあるかもしれないが、日本においては左寄りの思想とそれに流されるB層は完全に枷《かせ》になっていて、向こう100年以上、中韓に謝罪を続けていかなければならなくなってしまう。それでは私の息子にも苦労させてしまう。とにかく、あなたは「何が正論か」ではなく、**あなた自身のためになることと子どもや孫の将来を考えて行動をしてほしい**のである。

前置きが非常に長くなったが、「前置きが長いのと話を脱線させて遊ぶ」のは、私の本の特徴だから我慢していただきたい。何しろ、私は取材を受け、それを第三者に書き起こしてもらう『ボイス作家』ではなく、すべて自筆。編集者も唖然としてしまうくらい自由に書いている。

さて、月に1回、あなたはペニンシュラ東京かリッツカールトン大阪に食事に行く。それを宣言する。

職場で何を言われるか、という話だ。

あなたは決して、「家族サービスで行くんだ」と言ってはいけない。

「経済のために行く」

と嘘でもいいから言って欲しい。それを周囲が嘲笑したら、前述したとおり、その職場は「バカの空間」ということになる。

リッツカールトン大阪には3回ほどしか行ったことがないが、『香桃《シャンタオ》』が最高の中華レストランだ。料理も美味しいが、きめ細かいサービスに感動した。私が、数種類のメニューで迷っていたら、「どれもハーフサイズにして、お出ししましょう」と言ってくれた。「すると料金も半額か」と無粋《ぶすい》なことは聞いてはいけない。それが紳士のマナーである。

東京のペニンシュラは、朝食にあるキャロットジュースが、天下一品。大地の香りがする。飲むと、体が浄化されたような快感を味わえるが、恐らく、家族4人でその朝食を食べたら、1万円くらいはするだろう。ちょっと記憶が曖昧だが、恋人と朝食だけ行った時は6000円くらいだったと思う。朝から6000円も贅沢だが、毎日ではないのだ。下世話に言うと、そんな小銭、パチンコでフィーバーすればあっという間に取り戻せるのではないか? 私はパチンコをしないが、そんな感覚で生活してほしいのだ。贅沢をしても、働いたり、何かアイデアを出したら、そのお金は取り戻せると。

ペニンシュラ東京で言うと、部屋も大型テレビが壁に造り込んであり、お風呂は大理石。高級デザイナーズマンションを買わない限り、経験できないような部屋だ。一度、是非泊まって欲しい。一休.comで予約をすれば4万円くらいの時もある。

多くの人が「贅沢だ」と言うことは、贅沢ではない

そんな贅沢を月に一度か二度やっていると、あなたは経済的に追い詰められるが、実は国の経済は良くなる。部屋代が高いから、夕食はホテルレストランではなく、ホテルの横の居酒屋にしたとしても内需に貢献。贅沢をするために出かけることは非常

に良いことだ。田舎の悪口ではないが、田舎に住んでいたらそれがあまり出来ない。だから、私は東京の近くから離れないようにしていて、親しい人たちも、それに賛成してくれている。

話が戻ってしまうが、あなたが「善い」行いをしようとした時に、それに賛成してくれる人たちが周囲を囲んでいないと、あなたは成功者にはなれない。私の著作に『「いい人」は成功者になれない！』（三笠書房）という本があるが、**「いい人たちがいないと成功者になれない」**ということだ。

善い行いとは、世間との逆を行くことがほとんどで、大衆志向がその国を発展させることはほとんどない。極論を言えば、平和を願うことさえも、それがあまりにも頑固だったり、弱腰主義だったら、その国は侵略をされてしまう。そうなったら、平和を求める大衆志向は善い行いではなくなってしまう。もちろん、この話は極論で、今、領土問題が過熱しているから例として書いただけである。戦争はいけない。

あなたが、ペニンシュラに泊まったことを話すと、それが自慢話ではなく、彼らに勧めるために話しても、あなたは批判されるか罵倒《ばとう》されるかもしれない。

その時にあなたはこう思わないとダメだ。

「ああ、俺は善いことをしたのだ」と。

大衆志向の人たちや庶民派が、「ダメだ」「それは贅沢だ」と怒ることは、ダメでも贅沢でもなく、正しいことと100％決まっている。

度が過ぎるのはダメだが、庶民派は度が過ぎてなくても怒るから始末に悪い。

清貧な暮らしをしている人たちは、他人に自分たちの暮らしを押しつけないが、貧乏人はそれを友達に押しつけるばかりではなく、社会主義を発揮して、お金持ちから税金を奪えと怒り出す。もはや、貧乏とは病気の一種である。

断っておくが、私ももともと貧乏だった。だが、成功者は見習って、決してお金持ちを妬《ねた》むことはなかった。勉強をした結果、「お金持ちは悪」「贅沢は敵」という考え方が間違いだとわかった。20歳の頃だ。

あなたは今、何歳か。

もう、贅沢な食事くらいは経験しないといけない年齢ではないだろうか。

クリスマスだけではいけない。彼女の誕生日だけでもいけない。

月に1回のペースで贅沢な食事が出来る生活を作るのだ。

それが、あなたと日本のためになる。

あとがき

本書を執筆中に安倍自民党政権が誕生し、「公共事業に力を入れる経済政策」を軸に、震災復興、円高対策などを政策の柱として掲げた。

もし、安倍首相の思った通りの世の中になったら、日本は昔の高度経済成長期のような姿に変わっていき、活気づく。

男の強い時代がやってくるのだ。

「女性の社会進出を妨害するような本ばかり書くな」

と言われることもあるが、仕事に熱中するあまり妊娠できなくなって、「卵子をください」と倫理に反したことを言っている女たちに、何か堂々とした意見を言う権利があるのか。

男が働いて年収1000万円以上を手にし、女はその男と結婚。そして自然に出産し、少子化もなくなれば、さらに日本は良くなる。経済大国として完全復活するかもしれない。しかし、そうなったらなったで人間は退屈になるから、また「(女を守る)条例をもっと作れ」とか「男は育児休暇を取りなさい」と言い出したり、夫婦別姓問題やセックスに関するいろんなことを議論し始めるだろう。そうしてまた男が弱体化して、経済は崩壊。20年から50年くらいの周期でそれを繰り返していくと思われる。

長い間、男たちは苦しんできた。

昭和の終わり頃からである。

「男は弱いんだよ。女房には逆らえません」

と言わないといけない空気になった。その後、バブル期にはアッシー君やらが出てきて、三高が大流行り。ここ数年では、イクメンが流行って、男が育児をすることが義務付けられるほどの世の中になった。

経済は、そんなふうに、男が弱体化していくのと比例して衰退していく。

当たり前だ。

国にある仕事の半分は（いや、もっとかもしれないが）、男がする肉体労働だ。肉体労働は男にしか出来ず、女への愛情と仕事に対する熱意がないと続かない。その熱意を失わせているのがフェミニズムだ。男に対する上から目線で女性の社会進出を訴えるなら、道路工事を女性にやってもらいたいが、現実には出来ない。その女が出来ない仕事が増えると、国は潤うことになっている。

安倍政権のやろうとしていることは、「富国強兵」だと反日の連中は言う。

わかった。それでもかまわない。

富国強兵で、中国と女が大人しくなれば、あなたたちにはお金がたっぷりと入ってくる。利発な女はそれに喜んで、大いにセックスに励み、子どもをたくさん産んでくれるだろう。

それが女性差別で、女は男の子どもを作る道具じゃない、と言うなら、

「給料が少なくて生活が苦しい。消費税を上げないで」

と、そこの彼女は泣かないように願いたい。

給料が少ないのは、あなたたち女が、「女と男は対等だ」とパート先で喚いているからだ。それがわからないから、経済がこんなに衰退したのではないか。

女性は本書を読まないと思うからこのくらいにして、男性諸君に言うが、夜道を女一人で歩ける日本を敬愛し、その女たちを経済的に守ってほしい。

バカな女も、生活が楽になれば殊勝になる。お金があれば夫婦喧嘩もなくなる。
男が強くなれば、自然と経済は上昇していくのだ。
強くなるとは、労働をすることと、頭を使って儲けることだ。
「執筆しながら、株を指値で仕込んでいる」
と本書に書いたはずだ。最強だ。労働と知的労働のミックスは最強なんだ。
あなたは、これから日本経済と一緒に上昇していくだろう。

2013年2月

里中李生

里中李生　（さとなか・りしょう）

本名・市場充。三重県生まれ。作家。

時代の趨勢に流されることなく、物事の本質をずばり突く辛口の自己啓発論・恋愛論を展開。

著書に『一流の男、二流の男』『できる男は「この言い訳」をしない』『「いい人」は成功者になれない！』（以上三笠書房）、『「10年後」成功している男、失業している男』（飛鳥新社）、『時代に迎合しない男の極意』（フォレスト出版）など多数。

累計200万部を超えるベストセラー作家であり、その独自の筆致は、男女問わず幅広い層から熱狂的な支持を得ている。

景気に左右されない
一流の男のお金の稼ぎ方

2013年3月4日　初版発行

著　者　里中李生
発行者　野村直克
発行所　総合法令出版株式会社
〒107-0052　東京都港区赤坂1-9-15 日本自転車会館2号館7階
電話　03-3584-9821（代）
振替　00140-0-69059

印刷・製本　中央精版印刷株式会社

落丁・乱丁本はお取替えいたします。

ISBN 978-4-86280-351-1

総合法令出版ホームページ　http://www.horei.com/